料理のなんでも小事典

カレーはなぜ翌日に食べる方がおいしいの？

日本調理科学会 編

ブルーバックス

●装幀／芦澤泰偉事務所
●本文図版／さくら工芸社
●本文・扉・目次デザイン／紅林弘美

まえがき

食べ物は人にとって栄養素を取り入れ、生命を維持するために欠かせないものであることは、いうまでもありません。食べ物にはそれだけでなく、生活の楽しみとなって会話を弾ませ、ともに食べる人との連帯感を強め、食文化を継承するなど、種々の役割があります。とくに、誰にとってもおいしいものを食べたときの幸せは格別のものがあります。

『バベットの晩餐会』という映画では、デンマークの寒村の、歳をとっていさかいの絶えない教会の信者たちが、バベットが腕を振るった豪華な料理に、互いにだんだん顔がほころんでいき、最後は外で手を取り合って踊るという場面が非常に印象的でした。

調理科学は献立を作り、食品材料を選び、調理して食卓に並べるまでを取り扱う学問分野です。とくに調理過程において食品材料にどのような変化が起きるかを調べ、その変化をおいしい食べ物へと制御することを目指しています。最終目標はおいしい食べ物です。おいしくするための方法を研究対象にしているのです。

本書は、調理することによって食品材料の味や香り、口触りにどんな影響があるのか、その調理法でなぜそうなるのかを中心に、調理科学研究の成果を科学的にわかりやすく解説したものです。内容は料理全般から、味付け、食材別の調理、加熱法、デザートなどさまざまな角度からおいしさを生み出す料理について説明しています。どこから読んでも楽しめて役に立つように編集されています。

日本調理科学会は会員約一五〇〇名で、東北・北海道、関東、東海・北陸、近畿、中国・四国、及び九州の六支部があります（二〇〇八年八月現在）。本書の執筆は各支部長から推薦された方々に依頼しました。折しも日本調理科学会は平成一九年に創立四〇周年を迎えました。これを機に、刊行委員会を組織し、本書の出版はその企画の一つに当たります。

出版に当たっては、読みやすく一般の人にもわかりやすくなるようにと、最後まで適切かつ厳しいコメントで文章を練り直す手ほどきをしていただいた、ブルーバックス出版部の志賀恭子さんの一方ならぬご尽力に感謝の意を表したいと思います。

本書が皆様に調理科学の面白さを知っていただくきっかけになればと願っております。

日本調理科学会　刊行委員会　委員長　畑江敬子
下村道子
江原絢子
大越ひろ
高橋節子
的場輝佳

もくじ

第2章　下ごしらえと食品の保存　47

第4章　ご飯と麺類のおいしさ　119

第5章　肉・魚・卵料理のコツ　141

第6章　野菜のおいしさを引き出す　

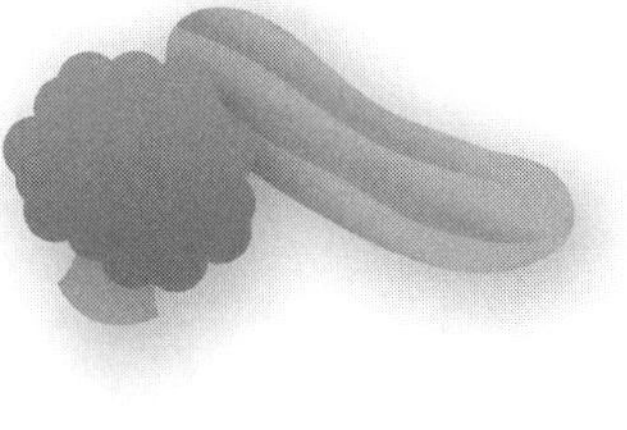

第7章　味付けと調味料　211

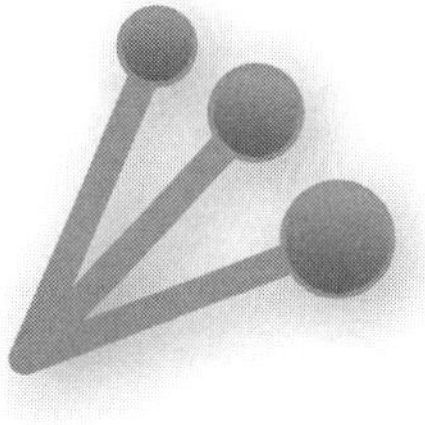

第8章　調理器具の科学　239

第9章　お菓子作りのコツ　265

プロローグ――「料理」ってどういうこと？

私たちは、購入したり、収穫したりした食品材料をそのまま食べることはまずありません。洗ったり、皮をむいたり、切ったり、また、加熱したりしてから食べます。このような操作を調理といいます。これを料理ということもあります。調理あるいは料理をする人を調理人あるいは料理人といいます。しかし、できあがったものは料理といい、調理ということはありません。

さて、調理法は、熱を加えない非加熱操作と、加熱操作とに大きく分けることができます。非加熱操作には、洗う、皮をむく、切る、水に浸ける、混ぜる、こねる、裏ごしする、つぶす、すりおろす、泡立てる、発酵させる、などがあります。

また、加熱操作には、焼く（網で焼く、フライパンで焼く、オーブンで焼くなど）、煎る、炒める、揚げる、ゆでる、煮る、蒸す、電子レンジ加熱などがあり、これらを組み合わせることもあります。加熱操作の種類、温度上昇速度、加熱終温などの加熱条件は、料理の仕上がりに大きく影響します。

食品材料には調理によっていろいろな変化が起こります。多くの場合、食べやすく、おいしくなり、消化もよくなります。また、加熱することは殺菌することでもあり、食品を微生物の汚染から守り、腐敗を遅らせることができます。

どのような調理法をとるかは、まず、食品材料の主要成分によって決まります。水分、デンプン、脂質、タンパク質などのうち、どれがどの程度含まれているかということです。おいしく食べるためには、主要成分をうまく調理することがまず第一なのです。そのうえで、どのような仕上がり状態にするかによって調理法が決まります。同じ食品材料でも、加熱方法が異なると味や口触りの異なった食べ物になります。

水分が多く、軟らかくてアクのない野菜、たとえばトマトやレタスなどは生で食べることが多いでしょう。生野菜は爽快な口触りや彩りで食事をおいしくします。

野菜でもゴボウやホウレンソウのように硬いものやすじのあるもの、アクのあるものなどは、煮たり、ゆでてアクを除いたりしてから食べます。また、デンプンの多いカボチャやイモも生では食べません。デンプンを多く含むものは加熱して、デンプンのまるで結晶のような構造をゆるませる、すなわち糊化させてから食べます。糊化させることでおいしくなり、また、デンプンを分解する酵素も働きやすくなります。

乾燥させてある米や小麦のような穀類や小豆、インゲンなどの豆類の主要成分はデンプンですが、水分が少なく、そのままではデンプンの糊化に必要な水が足りないため、水を加え吸水させてから加熱します。

世界の主要な穀物は米と小麦です。米は食用とする胚乳部が硬く、中心部へいくほどいっそう硬くなります。そこで、籾殻を除いた玄米を搗精《とうせい》という方法で精米します。外側から糠を削っても胚乳部はくずれずに粒状で残るので、それを炊飯します。

一方、小麦は胚乳部が軟らかいうえ、粒には深い溝があって、米のように外側を削って胚乳部だけ残すという方法はとれません。そこで、製粉によって粉状としたうえで、小麦粉特有のタンパク質である、グリアジンとグルテニンから形成されるグルテンの性質を利用し、パンや麵類、ケーキなどに調理加工して食べます。

主要成分がタンパク質である食品には、卵、魚、肉などさまざまなものがあります。卵は、微生物の心配がない場合は生でも食べられますし、加熱しても食べられます。

魚は、新鮮で微生物や寄生虫の恐れがない場合は生でも食べられます。魚介類の寄生虫の一つであるアニサキスはマイナス二〇度に二四時間おくと死滅します。さしみを食べる習慣のないヨーロッパではニシンの酢漬けを食べますが、ニシンをあらかじめ冷凍することが法律で定められています。また、近頃では世界中で[sushi]が食べられるようになりました。欧州の規則では、生または半生で食べる魚は一部を除き、ニシンに限らず同様に冷凍しなければなりません。

もちろん、魚介類は加熱してもおいしく食べられます。鮮度のよいものは焼き魚として、油脂含量の多いものは煮付けや照り焼きなどにして食べます。鮮度が少し落ちたら、味噌煮などにして生臭さが目立たないようにします。

牛肉は、内部は無菌ですが、塊肉の表面は腸管出血性大腸菌O－157やO－111などと、サルモネラ属菌などの食中毒原因菌に汚染されている可能性があります。牛肉のステーキは軟らかい部分を、表面を焼いて食べます。内部は生でも食べられます。

しかし、一般に魚介類に比べると肉質に結合組織が多く硬いこと、油脂の融点が高く、食べたときに舌にざらついた感じがすることから、通常、生では食べません。とくに結合組織の多い牛のすね肉などは、挽き肉にして食べやすくします。また、長時間煮込んで結合組織を短くほぐれやすくしたり、スープストック（スープの素）をとったりします。豚肉には寄生虫（トリキネラ、あるいはトキソプラズマ）、鶏肉には細菌（カンピロバクターやサルモネラ）による汚染の可能性がありますので、よく火を通します。

大豆は畑の肉といわれるように、他の豆類と異なりタンパク質と脂質が多く、デンプンはありません。豆類は水分一五パーセント程度に乾燥させてあり硬いので、吸水させてから加熱します。大豆からは、日本の伝統食品として味噌、醤油、納豆、豆腐、凍り豆腐など多くの加工品が作られます。

このように、食品材料と調理方法との組み合わせには、それぞれ適切な要領、コツがあります。いずれにしても最終的に目的とする外観（形や色、焦げ色、つや、なめらかさなど）、味、香り、口触り（硬さ、歯切れ、舌触り、なめらかさ、もろさなど）などが得られ、おいしい料理に仕上がる方法がよい調理法ということになります。

（畑江敬子）

第1章　おいしさの科学

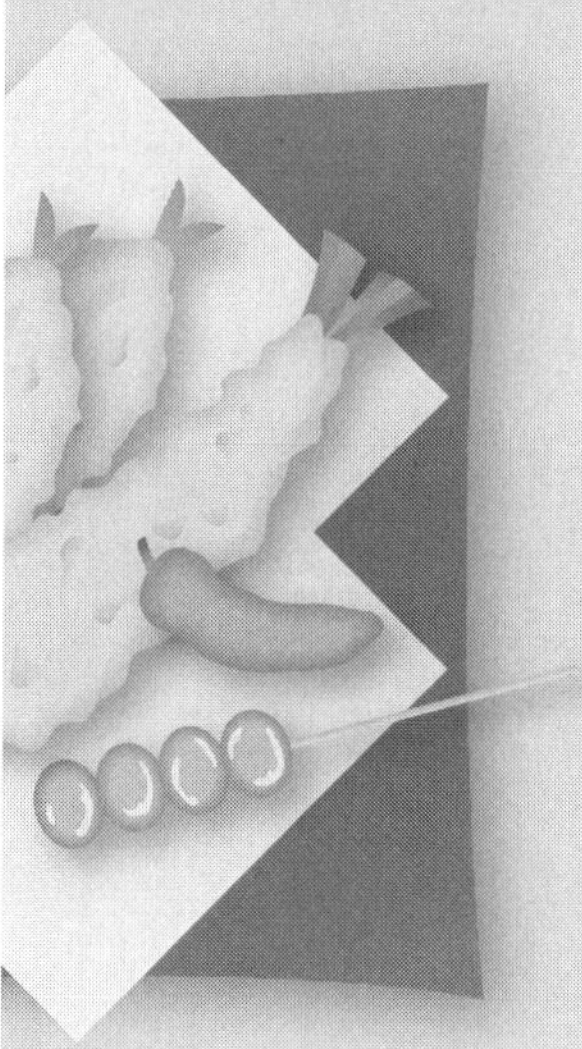

1 おいしさはどうやって測るの？

食べ物のおいしさとはどのように評価するものでしょうか？　ネコにとっておいしい食べ物はネコが評価します。イヌにとっておいしいかどうかはイヌに聞くしかありません。ヒトが食べておいしいものはヒトが評価します。ですから、おいしさを測る方法があるとすれば、それはヒトに聞くのがもっともよいということができます。

ある食べ物がおいしいかどうか、また、二つの食べ物のうちどちらがおいしいかは人間に食べてもらって測ります。いまのところ、人間に聞かずにおいしさを測る方法はありません。しかし、人間はいつも同じように答えるかどうかわかりません。それというのも、その日の体調、気温、同時に食べるもの、食べる環境などで評価は影響を受けるからです。声の大きい人につられたり、自分の勤めている会社の商品をつい選んでしまうこともあるでしょう。

このようないろいろなバイアスをできるだけ除いて評価をしてもらわなければ、測定した結果はその場限りのものになってしまいます。そこで、できるだけ再現性のある結果を得られるような評価法を設計する必要があります。その方法を官能評価法といいます。

官能評価には、食べ物の特定の要因だけを評価する分析型官能評価と、好みを評価する嗜好型官能評価とがあります。分析型官能評価は人間を理化学機器とみなして、わずかな甘味の強さや硬さの違いなどを専門家が評価します。一方、嗜好型官能評価は、一般の消費者がおいしさ、いいかえれば好みを評価する官能評価で、日常食べているような環境で行います。

それでは、おいしさにはどんな要因があるのでしょうか？ 主要なものとして、外観（色、形）、味、香り、テクスチャー（舌触り、歯ごたえなど）、温度などが考えられます。これらの要因の重要度は、食べ物によって変わります。ご飯ではテクスチャーがもっとも重要ですし、吸い物なら味と香りでしょうか。卵豆腐ならなめらかな外観が重要かもしれません。私たちは食べ物を見て、口に入れて、噛んで飲み込むまでの短時間にこれらの要因を素早く判断して、おいしい、おいしくないと評価しています。

もしあらかじめ、ある食べ物について、うま味の強い方がおいしい、硬さがどの程度のものが好まれる、ある特定のにおい成分が少ない方がおいしい、などということがわかっているなら、うま味成分、硬さ、におい成分を理化学機器を用いて測定し、その量でおいしさを測ることができます。理化学機器はおいしさを測っているのではなく、あらかじめ官能評価でわかった要因を測定しているのです。

また、食味計や味覚センサーも開発されていますが、これらも官能評価との関係がわかって初めて応用可能になるのです。

（畑江敬子）

2 食前酒を飲むと食事がおいしくなるの？

これから始まる楽しい食事の時間への期待に胸膨らませ、同席者との会話を楽しみながら、あるいはメニューを見て料理を選びながらいただく食前酒はたいへんおいしいものですね。

食前酒とは、文字通り食事の前に飲むお酒のこと。食前酒を飲む習慣は、食欲を増進させたり会話を弾ませたりする目的で一九世紀のフランスで始まったとされています。食前酒のことをアペリティフともいいますが、この言葉は食欲をそそるという意味のフランス語です。なお、英語ではアペタイザーといいますが、この言葉はオードブルを意味することもあります。

さて、食前酒を飲むと食事は本当においしくなるのでしょうか？　食前酒が食事をおいしくするメカニズムは、炭酸、酸味、苦味成分などが胃に軽く刺激を与えて胃酸の分泌を促すことで食欲増進をもたらすというものです。また、アルコールが脳に作用してよりゆったりした気分にしてくれることで食欲が出てくる、という説もあります。

したがって、この目的にかなったお酒を適量飲むと確かに食事がよりおいしくなります。お酒に弱い人は、ノンアルコールカクテルや食前茶（アペリティー）などを食前酒の代わりにしてもいいでしょう。

食前酒は、その後の料理やワインとの風味のバランスを考え、軽くてさっぱりとした飲み口のものとし、アルコール分の強いものは避けます。一般にシェリー、ベルモット、シャンパンに代表されるスパークリングワインやキールロワイヤルなどのワインベースカクテルがよく飲まれます。欧米で一般的なマティーニなどは日本人にはいささかアルコール度数が高すぎるかもしれません。なお、甘味の強すぎる酒も食前酒には適しません。血糖値が上昇して食欲の低下をもたらすことがあるからです。

また、食前酒に対して食事のあとに飲むのが食後酒（ディジェスティフ）です。食後の口直し、消化促進を目的とするもので、料理の余韻を楽しみながらゆったりといただきます。アルコール度数が高いブランデーやウィスキー、あるいはアイスワインや貴腐ワインなどの甘口ワインや甘めのカクテルなどが好まれます。

ちなみに、日本料理や中国料理では食前酒という呼び方はしませんが、食事の前に同様の目的でお酒を飲むことがあります。

（河辺達也）

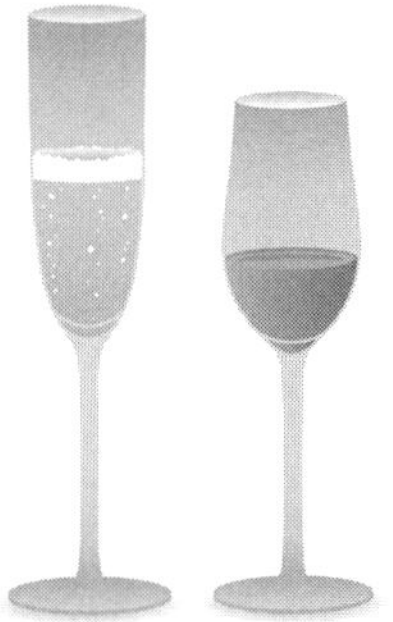

シェリーやシャンパンで
食事をおいしく

3 彩りがよい方が料理をおいしく感じるって本当？

本当です。食べ物のおいしさを決める重要な要因が味覚であることに疑いはありませんが、それだけでなく、私たちは五感（視覚、聴覚、触覚、嗅覚、味覚）はもちろんのこと、生活習慣や文化（食体験の記憶、知識など）をも総動員して、一瞬のうちにおいしさを判断しているのです。

京都の老舗料亭の料理人曰く、〝料理でもっとも大切なことは、見た目（彩りや見栄え）にあります〟と。お客さんが料理を見ておいしそうと感じなければ、食べたいなと思わなければ、料理人の負けですと断言していました。料理の味が確かであることを前提としての話ですが、視覚が料理のおいしさに欠かせない要素であることを物語る一例です。また、かの有名な北大路魯山人は、「器は料理の着物」と言っています。

私たちが食べ物に接して最初に働かせる感覚は〝視覚〟です。食べ物（料理）を見ると、その人の経験や知識から、食べる前に料理の味や香りのイメージがわき、期待感を持っておいしく食べてしまうのです。梅干しを見て唾液が出たり、ステーキを見て思わずのどがなるのを経験したことはありませんか。

彩りが悪いと、このような食欲はわいてきません。料理のイメージとおいしいと思う期待感が、料理をいっそうおいしくしているのです。暗闇で料理を食べてもおいしくはありません。イメージがわきにくいからです。

日本人は全体的に赤、黄、緑や白など明るい色の彩りが好きなようです。一方、青はおいしく感じない色のようです。青を主体にした料理や加工食品のパッケージはあまり見かけません。料理人に聞きますと、日本料理で色の使い方にルールはありませんが、青を避けて（控えめにして）、明るい彩りになるよう心がけているとのことです。

ところで、関西の料理は色が淡く薄味であることはよく知られています。このルーツは、食材の色と香りを生かした繊細な「都の味嗜好」にあるように思われます。昔から京の都は海から遠く新鮮な魚介類には恵まれませんでしたが、近郊から京野菜、木の芽や山菜など季節感に溢れる野菜類が手に入る環境にありました。野菜は本来、魚鳥肉に比べると味が単調なものです。ところが、淡色・薄味で味付けすると野菜の風味や色彩が引き立つのです。

四季の風情を楽しむことが好きな貴族や京の匠たちは、野菜類を引き立たせ季節感に溢れた、彩りのある薄色薄味料理を楽しんだと想像されます。食材の色や形にこだわり食材の持ち味を生かすのは京料理の原点でもあります。関西特有の薄味食文化は、京料理の伝統と食嗜好を受け継いでいるといってよいでしょう。もちろん、食材の彩りが生きるのは、淡口《うすくち》醤油を使っているからです。

（的場輝佳）

4 硬いものより軟らかいものの方が味を強く感じるの？

私たちは食事のとき、どのようにものを食べているでしょうか？　食べ物を口に入れたら、まず歯で噛み砕きます（咀嚼《そしゃく》）。歯で噛むと同時に、口の中には唾液が出てきます。口の中ではこの唾液と歯で砕いた食べ物を、舌と頬によって混ぜ合わせる作業を行っています。食べ物が唾液（液体）と混ざることで、食べ物の中の味成分が唾液に移行し、甘いとか、塩辛いと感じることになるのです。

では、味はどこで感じるのでしょうか。味を感じる器官は舌の上にある、味蕾《みらい》という器官（味覚受容器）です。この味蕾に甘味や塩味などの成分（化学物質）が触れて初めて、甘いとか塩辛いという味を感じることになります。

また、食べ物の状態によって味の感じ方は異なります。ジュースのような液体の場合は、口に入れるとすぐに味蕾に触れるので、飲んだ直後に甘いとか酸っぱいという味を感じます。一方、ゼリーやクッキーのように固形状の食べ物では、直接味蕾に触れて味を感じるのではなく、咀嚼により唾液が味を伝達する手助けをしているのです。

硬さの異なるクッキーでは、味の強さがどう違うかについて考えてみましょう。図は、同じ材料配合で小麦粉の成分（グルテン）だけを変化させて焼いた四種類のクッキーを食べたときに、クッキーの甘さをどう感じるかを官能評価によって調べた結果です。四種類のクッキーは砂糖の量は等しいのですが、グルテンの量が少ない（軟らかい）ものほど甘いと感じていることがわかります。

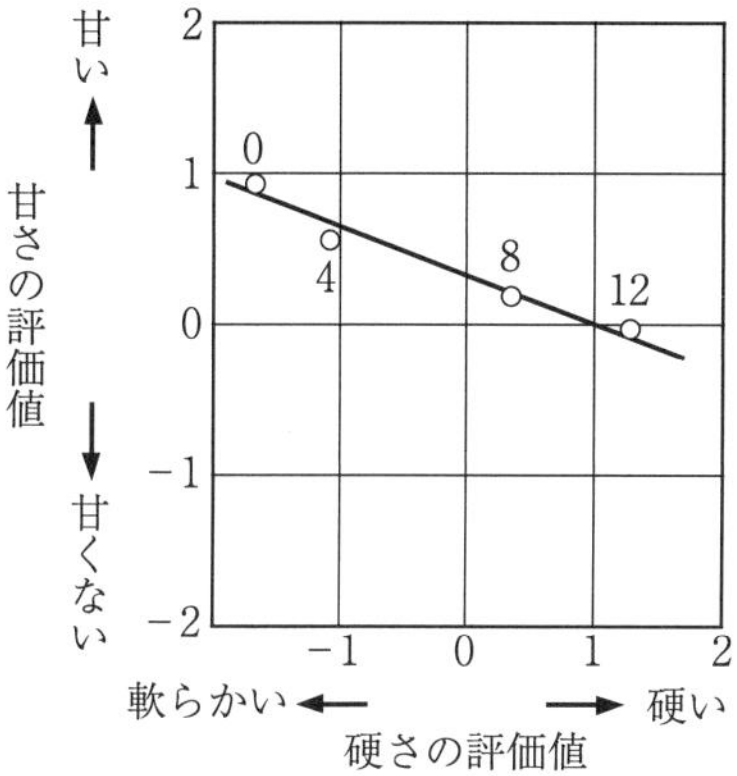

クッキーの甘さと硬さの関係

図中の数字は小麦粉中のグルテン含量。

赤羽ひろ、和田淑子「日食工誌」（1987）より作成

グルテンが入っていないクッキーは歯で嚙んだときに砕けやすく、しかも唾液と混ざりやすいため、十分にクッキーの甘味（砂糖）が唾液に溶け出し、甘い（甘味が強い）と感じます。

一方、硬いクッキーは歯で砕かれても粗い粒の状態なので、唾液と混ざりにくいため、甘味が唾液に溶けにくく、甘味が弱く感じられたといえます。ほかの食べ物についても同様であることがわかっています（43ページ解説1参照）。

（大越ひろ）

5 油が少なくても油っこく感じることがあるの？

ピーナツ、マヨネーズ、うなぎの蒲焼き、鶏の唐揚げ、油揚げ。

この中でどれがいちばん油っこいでしょうか？　どれがいちばん油の量が多いと思いますか？

これまでのところ、たいていの人は、うなぎの蒲焼きか鶏の唐揚げ、と答えます。

それでは実際にどれだけの油が入っているのでしょうか？　図をご覧ください。ピーナツには約五〇パーセントも油が含まれているのに、そんなに油っこい感じはしませんし、マヨネーズも数字ほど油っこい感じはしません。では、なぜ二〇パーセント程度しか油を含まないうなぎの蒲焼きや鶏の唐揚げを、油っこいと思うのでしょうか。

油そのものには本来、味がないと考えられています。なぜなら、味は唾液に溶ける成分が味蕾に到達して初めて感じられるものですが、油は水には溶けませんし、分子も大きすぎるからです。油を食べたときの「風味」は、油の中に微量混ざっていて唾液に溶ける成分やにおい、さらには油の存在による舌触りなどをとらえたものであると考えられています。

油が七二・五パーセントも含まれているのにそれほど油っこいと思われていないマヨネーズを

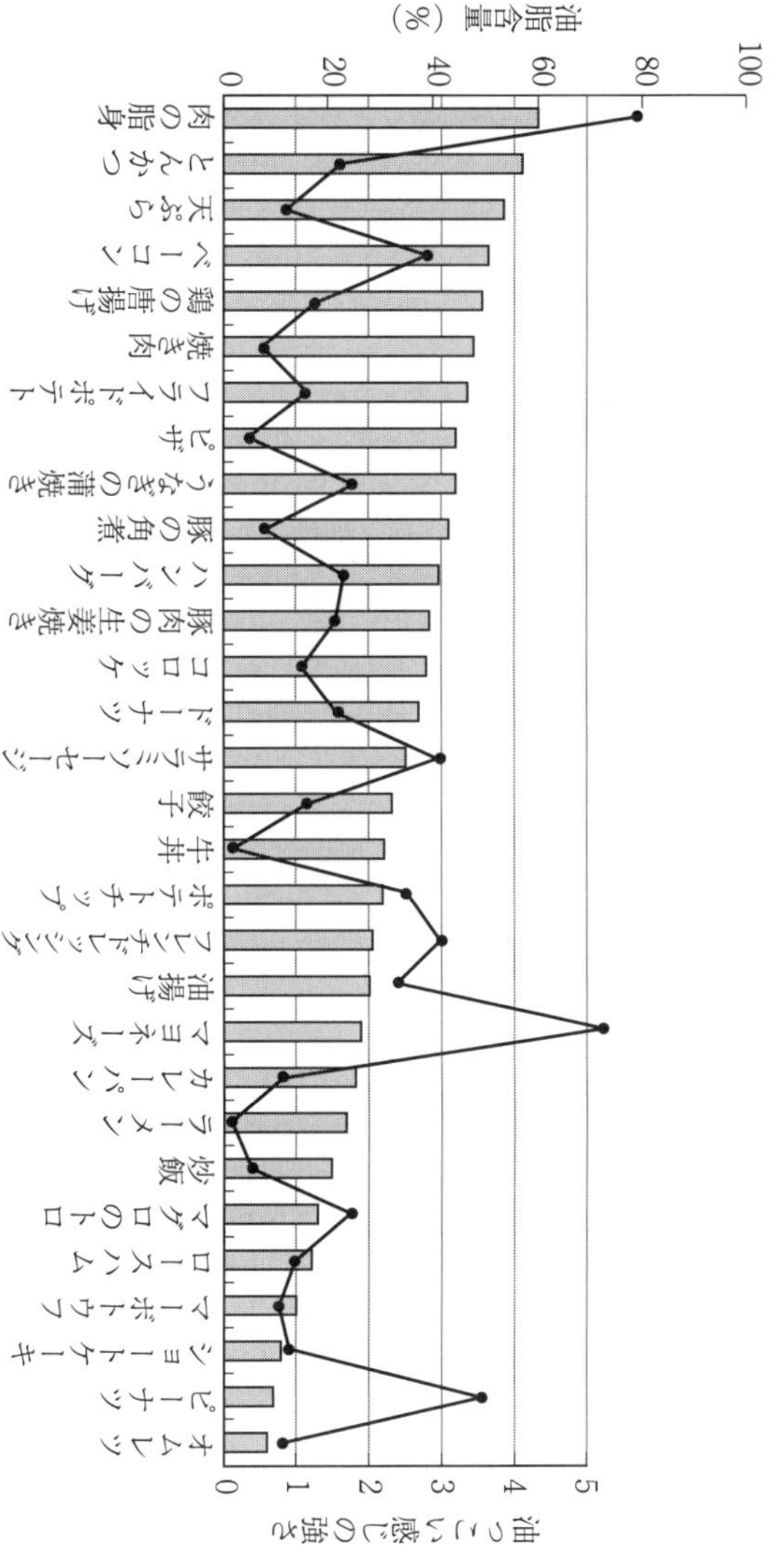

油っこい感じの強さと油の量の関係

棒グラフが油っこい感じの強さ、線グラフが油脂含量を表す。

とりあげて、何が油っこさに影響しているか調べた研究があります。酢の代わりに水を用い、サラダ油と卵黄、それに増粘剤を加え、材料配合の異なる二七種のエマルション（乳剤）のモデルを作ります。それぞれに対して二〇人が油っこいかどうか判定しました。

その結果、油っこいという感じは、油が三〇パーセント以上あれば、油の量ではなくて粘度に影響されることがわかりました。つまり、エマルションは油が三〇パーセント以上あれば、粘度が高い方が油っこく感じることになります。逆にいうと、粘度を高くすれば油を三〇パーセントに抑えても油っこい感じになるということができます。

ほかに考えられることは、におい成分の影響です。2，4－デカジエナールというにおい成分があると油っこいと感じることがわかっています。また、食べ物を口に入れて咀嚼している間のベトベト感やネットリ感が強いと油っこく感じますし、油の量の少ない食べ物では表面に見える油の量が多いと油っこく感じるようです。

さらに、油には、植物油のように常温で液状のもの、ラードやバターのように口の中で溶けて体温付近で液状になるもの、牛脂のように常温では固体のものがあります。油っこい感じには、油が体温付近で液体の場合はにおいの影響が強く、固体か、液体と固体の両方が混在している場合は口触りの影響が強いことがわかりました。

これらのことを利用すれば、油の量が少なくても油っこい感じを与えることができますから、ダイエットにも利用できるでしょう。

（畑江敬子）

6 昆布やかつお節の「だし」がおいしいのはなぜ？

日本料理を特徴づける味は、昆布、かつお節、煮干し、干ししいたけなどの〝だし〟をベースにした味です。この味は〝うま味〟といい世界にも認められています。うま味の本体は、昆布から発見されたグルタミン酸ナトリウム（ＭＳＧ）、かつお節から発見された５′‐イノシン酸（ＩＭＰ）、干ししいたけから発見された５′‐グアニル酸（ＧＭＰ）などです。飛鳥・奈良時代の遺跡から出土した木簡などに、昆布、かつおのゆで干しなどの記述があることから、昆布やかつお節のだしは、昔から日本人の食生活になじんでいたと思われます。

ところで、うま味調味料のＭＳＧとＩＭＰまたはＧＭＰとが共存すると、うま味の強さが飛躍的に増加します。この現象を、うま味の相乗効果（増強作用）といいます。一九六〇年代、日本人によって、この効果が証明されました。このうま味の相乗効果を上手に生かした調理法に、昆布とかつお節、昆布と煮干し、昆布と干ししいたけなどの組み合わせによる〝あわせだし〟があります。

では、だしをとるのに、うま味調味料（ＭＳＧ、ＩＭＰ、ＧＭＰ）を使うよりも、昆布やかつお節からとる方を大切にするのはなぜでしょうか。うま味調味料には強いうま味はありますが、香りやうま味以外の微妙な味はありません。昆布やかつお節のだしには、うま味以外の香りや微妙な味もあり、それらが料理を引き立てているのです。

料理人は、だしを〝とる〟とはいわず〝ひく〟といいます。老舗の料理人がすすめる昆布とかつお節のあわせだし（一番だしと二番だし）の〝ひき方〟をお教えします。まず、一番だしのひき方です。水の入った鍋に昆布を入れて加熱し、沸騰直前に昆布を取り出し、かつお節（薄く削った削り節）を入れて、すぐに漉《こ》す。これが原則です。

また、別のある料理人のひき方は、水の入った鍋に昆布を入れ、六五～七〇度に温度を上げ、その温度で三〇分間加熱し、火力を上げ沸騰直前に昆布を取り出し、かつお節を入れて、そっとかき回して二〇秒間おいて、漉して絞らず自然にだしが落ちるのを待つという方法だそうです。こうすると、上品な風味のだしがひけるといいます。一番だしは、吸い物や椀物などすまし汁に用いられます。この加熱温度と時間は目安で、好みの料理に応じただしのひき方をするのがよいのです。

次に、二番だしのひき方です。一番だしをひき終えた昆布とかつお節を鍋にとり水を加え、さらに新しいかつお節を入れて火にかけ、沸騰したら弱火で一〇分間程度煮たのち、漉してしっかり絞り切ります。この二番だしは、うま味とコクがしっかりしていて、いろいろな料理に用いられます。

このように、昆布とかつお節との加熱条件が違うのはなぜでしょうか。昆布はかつお節に比べて組織がしっかりしているので、ほどよい温度で時間をかけて煮ないと、昆布のうま味や風味が引き出せないのです。けれども、高い温度で煮すぎると香りがなくなったり、うま味以外のいやな味が出てきたり、不要な〝ぬめり〟や色も出てくるのでおいしくありません。また、薄く削ってあるかつお節はだしがよく出るので高温でさっと（短時間で）処理します。長く煮るとかえって生臭みが出るなど、風味が悪くなるのです。

昆布は種類の違いでだしの特徴が異なります。利尻昆布はだしに濁りがなく上品な風味があり、羅臼昆布はだしに濁りは出ますが深い風味があります。真昆布のだしは淡色で上品な甘味があります。これらの昆布はだし用以外に煮昆布などにも使われますが、もっぱら煮昆布、とろろ昆布、佃煮などによく使われる日高昆布などもあります。また、節物として、かつお節（マガツオ）以外に、宗田節（ソウダガツオ）、さば節（ゴマサバ）、まぐろ節（キハダマグロ）、いわし節（ウルメイワシなど）、むろ節（ムロアジ）などがあります。

一九〇八年に世界で最初にうま味調味料グルタミン酸ナトリウムを発見した池田菊苗博士は京都出身。少年時代、京都で昆布だしに慣れ親しんでいたから昆布からうま味物質を発見できたのかもしれない、と昆布だしにこだわる京都の料理人は思っているようです。

（的場輝佳）

7 味噌汁に煮干しのだしを使うのはなぜ？

味噌汁は、ただ味噌をお湯に溶くだけなんて思っている人はいないでしょうか。最近は「だし入り」と表記した味噌もありますが、だしもおいしい味噌汁の大事な要素です。日本料理のだし材料としては、煮干しやかつお節、昆布、干ししいたけなどが代表的です。これらは、料理の種類や一緒に使用する他の材料との相性によって使い分けられています。

味噌汁に用いられるだしは煮干しのだしが一般的です。原料が魚という点では煮干しとかつお節は同じで、両者に含まれるうま味成分の主体はイノシン酸という核酸系の物質です。ただ、うま味成分は同じでも、製造法の違いからかつお節には特有の香りがありますので、味噌の風味（味や香り）を味わう味噌汁には、強い香りを持たない煮干しのだしの方がよく使われているのです。ですから、かつお節のだしを用いてはいけないということではなく、かつお節と味噌の香りを楽しむ場合もあるでしょう。

もうひとつ、味噌汁に煮干しのだしが使われる理由があります。煮干しは原料の状態や保存の状況によって生臭みを持つ場合があるのですが、味噌には魚の生臭みを消す作用がありますから、味噌汁は煮干しのだしのうま味を味わうのに、もっとも都合のよい調理法なのです。同じ理由で、薄味に仕上げる吸い物に煮干しのだしはあまり使われませんが、しっかりと調味するうどんだしにはよく使われています。

では、昆布のだしはどうでしょう。昆布のうま味成分はグルタミン酸というアミノ酸ですが、味噌に含まれるうま味成分の主体も大豆タンパク質が分解してできる種々のアミノ酸ですから、昆布と味噌ではアミノ酸同士の組み合わせになります。味噌のアミノ酸とは異なるうま味成分のイノシン酸を持つ煮干しのだしと組み合わせた方がうま味も増し、味が複雑になって好ましいでしょう。昆布や干ししいたけのだしは、動物性の食材を用いない精進料理には欠かせません。

このほか、九州地区では未成魚のトビウオ（アゴ）を焼いて干した焼きアゴのだしが使われています。焼きアゴもうま味成分の主体はイノシン酸ですが、焼くことでうま味が凝縮されると同時に香ばしさも出るので、味噌汁ではなくうどんや雑煮のだしに利用されています。

さて、煮干しでおいしい味噌汁を作る方法ですが、煮干しは皮が破れたり、形がくずれたりしていなくて、腹の部分が黄ばんでいないきれいなものを選びます。頭部や黒いはらわたの部分は苦味や生臭みの原因となるので、面倒でも取り除いてから使うと、たいへんすっきりとしたおいしいだしになります。

味噌を溶いたあとは汁を煮立てないことも大事です。煮立てると香りが損なわれるだけでなく、味噌の粒子が集まって汁の口当たりが悪く、見た目も汚くなってしまいます。（久木野睦子）

8 中華スープのおいしさのもとは?

中華スープのおいしさのもとになるだしは、鶏がら、干しえび、干し貝柱、干ししいたけなどからとっています。それぞれのだしにはどんな特徴があるのでしょうか。また、おいしいだしをとるにはどのようにするのでしょうか。

鶏がらのだしのおいしさは、イノシン酸ナトリウムやアミノ酸などによるうま味です。うま味を生かすためには、濁りのない、澄んだスープにする必要があります。まず、鶏がらの骨に付着している内臓や黄色い脂肪部などは濁りの原因になるため取り除きます。加熱するときに、長ネギ、ショウガを入れると香りや甘味が加わります。

スープが濁る原因の一つは、アクになる脂肪です。スープのアクは水溶性タンパク質が脂質を巻き込んで凝固したもので、九〇パーセントが脂質です。澄んだスープにするには、沸騰直前からアクが出てくるので、そのタイミングを逃さず、微沸騰状態に火を加減することです。するとアクが上面に浮き、簡単に取り除くことができます。約一~二時間の加熱でできあがりです。

干しえびのだしのおいしさは、ベタインやアミノ酸などによる甘味とうま味です。中華スープに使われる干しえびは蝦米《シアミー》と呼ばれ、殻をむいて干した身の厚いものが多く、さっぱりとしたうま味と特有の香りがあります。日本の桜えびとは異なり、身が厚く乾燥しているのでよくもどして、そのもどし汁をだしとして使います。もどすには、水でさっと洗い、熱湯をかけて半日ぐらいおきます。

干し貝柱のだしには、核酸関連物質のアデニル酸やアミノ酸などによるうま味があります。ホタテ貝の貝柱をゆでてから乾燥させたもので、海水で貝をまるごとゆで、貝柱だけをとって再び煮て乾燥させたものを「白乾」、全部の肉を煮て乾燥させたものを「黒乾」と呼び、「白乾」の方が高級品です。ゆでることで貝柱に含まれていた酵素が働き、アミノ酸などが生の貝柱より増えてうま味が強く出ます。貝柱の割れ目に汚れがあるときには水でよく洗い、熱湯に入れてゆっくりもどします。もどした汁をだしとして使い、ほぐれた身も一緒に使います。

干ししいたけは、干すことで保存性を高め、シイタケの成分が濃縮されたもので、核酸関連物質のグアニル酸やアミノ酸によるうま味を持っています。うま味は、水でもどすときに、もどし液の中で干ししいたけに含まれている酵素が働いて生成されます。ほかの素材と違って、スープをとるという使い方より、おもにだし素材として他の食材と一緒に使われています。

ところで、昆布とかつお節の一番だしと鶏湯《チータン》(中華スープ)とを上海の学生と研究者に官能評価をしてもらったところ、和風だしを生臭く、油が少なくておいしくないと評価しました。どうやら和風だしと中華スープの大きな違いは、においと油脂の存在のようです。(石井克枝)

コラム

吸い物に吸い口を入れるのはなぜ？

吸い物に、だしや具にない香りのもの（吸い口）を添えると、吸い物の味が引き締まります。懐石料理などの吸い物には、吸い口は欠かせないと料理人はいいます。わずかな量の吸い口が、料理に彩りを添え季節感を演出するのです。吸い口の使い方ひとつで、吸い物の良し悪しが決まるのです。

では、どのような吸い物にどのような吸い口が添えられるのでしょうか。料理人は、香り同士をぶつけることはせずに、相性を大切にしているようです。たとえば、蛤や若竹の吸い物には木の芽（春）、鱧《はも》には梅肉や青柚子（夏）、松茸にはすだち（秋）、すっぽんには生姜、白子豆腐などの生臭いものには山椒、葛仕立ての温かいものには生姜や黄柚子（冬）などです。

その他、しそやみょうが（夏）、季節を問わないものに、あさつき、ねぎ、生姜などがあります。味噌汁など濁ったものには、粉山椒、七味唐辛子などを用います。

料理人は、必ずしも組み合わせを厳格に考えていないようで、季節のもの同士は相性がよいと感じています。料理人の感性が吸い口に表れるのだそうです。（的場輝佳）

解説1

呈味効率

私たちは食品を食べたときに塩味、甘味などの味を感じます。その味の強さは、食品に含まれる食塩や砂糖の量とは必ずしも一致しません。たとえば、練りようかんには砂糖が約六五パーセント含まれています。水ようかんの材料も、練りようかんと同様に寒天と小豆あんと砂糖ですが、仮に砂糖の量も同様に六五パーセントだったとしたら、食べた人は甘すぎるというでしょう。実際、水ようかんでは砂糖が二五〜三〇パーセントぐらいです。どちらもこれがちょうどよい甘さなのです。

もし、感じる甘さと砂糖の量が比例するのであれば、練りようかんも水ようかんも同じ砂糖量のはずです。つまり、練りようかんより水ようかんの方が砂糖の甘さを強く感じられるということがわかります。水ようかんは冷たいので、温度が違うと思われるかもしれませんが、同じ温度で比べても、結果は変わりません。

味の強さの感じ方には、他の味との相互作用、たとえば塩味と甘味、塩味と酸味などに見られる増強・抑制作用、および、食べ物のテクスチャーなどが影響を与える可能性があります。温度の影響については、甘味は体温付近でもっとも強く感じられ、それよりも低くても高くても弱くなることが知られています。

味の相互作用については、少量の食塩が汁粉の甘味を強めたり、砂糖の添加が柑橘の酸味をやわらげたり、うま味が食塩によって強められたりすることが知られています。

食べ物のテクスチャーについては多くの例があります。ようかんもその一つです。一般に、水分が多く軟らかいものほど味を強く感じることがわかっています。和菓子の砂糖量と水分を比べると、市販品は一般的に好まれる甘さにしてあるので水分の多い和菓子ほど砂糖の量が少ない傾向にあります（洋菓子ではバターや卵の割合が多いので、これほど単純にはいきません）。

食品を食べたときに感じる呈味《ていみ》の強さを呈味効率で表すことがあります。

呈味効率＝食品を食べたときに感じる呈味物質の濃度／食品中の呈味物質濃度

として表します。

もし、実際に食品中に含まれる食塩や砂糖の量がすべて塩味や甘味の強さとして感じられるなら呈味効率は一・〇です。一・〇よりも小さかったら、食品中に含まれる呈味成分より少なく（薄く）感じられていることになります。

測定法としては、人が実際に食べて味覚の強さを直接とらえる方法と、基準物質を与え等価濃度を求める方法とがあります。後者の方が評価しやすいのでよく用いられます。

この方法は、調べたい食品と一連の濃度の異なる標準物質（たとえば食塩水溶液やショ糖水溶

塩味効率	
1.0%寒天ゼリー	0.57
2.5%寒天ゼリー	0.43
こんにゃく	0.43
クラッカー	0.23
すり身 物性を変えて測定	0.23〜0.35
豆腐 凝固方法を変えて測定	0.58〜0.71
卵白ゼリー 物性を変えて測定	1.0

甘味効率	
1.0%寒天ゼリー	0.37
2.5%寒天ゼリー	0.22
メレンゲ	0.47
ようかん	0.26〜0.38
チョコレート	0.35〜0.47
クッキー	0.41〜0.87

呈味効率の例

液など）の一つずつをペアにしてどちらの味が強いか比較させる方法です。初めは食品の方が標準物質より呈味が強いと答えますが、徐々に標準物質の濃度を高めてゆくと、どこかで標準物質の方が呈味が強いと答えるようになります。食品と標準物質の呈味が同じになったところが、等価呈味濃度つまり前述の呈味効率の式の「食品を食べたときに感じる呈味物質の濃度」に当たります。これを食品中の呈味物質の濃度で割ると呈味効率を求めることができるわけです。何回咀嚼したときの呈味の強さを見るかで、少し値が異なることもあります。

　呈味効率の測定例を表に示しました。とくに、チョコレートでは油脂のために、クッキーではもろさや吸水性のために甘味の感じ方は複雑になります。

　ほとんどの食品の呈味効率は一・〇以下です。なぜなら、私たちは食品を食べるときにドロドロになるまで口の中で噛んでつぶして食べているわけではありません。適当なところまで咀嚼して飲み込みます。したがって、食品中の食塩や砂糖が唾液に溶ける前に飲み込んでしまいますから一・〇より小さくなるのです。よく、調理書に「こんにゃくは味がつきにくいので手でちぎって表面積を大きくする」と書いてありますが、こんにゃくは決して味がつきにくいわけではありません。呈味効率が小さい、つまり味を感じにくいので、一パーセントの塩味がついていても〇・四パーセントの塩味にしか感じられないのです。

また、すり身は製造工程で食塩を加えなければ練り製品になりません。しかし、私たちはそんなに食塩が入っているとは思わずに、かまぼこをおいしく食べています。塩味効率は〇・三以下です。そのほかの食品も同じで、私たちは自分で思っている以上に食塩や砂糖を食べていることになります。

このように、食品のテクスチャーは味の強さの感じ方に大きく影響を与えることがわかりました。それでは、テクスチャーを測定することによって呈味効率を予測できるでしょうか？　テクスチャーでなくても何か客観的な方法で呈味効率を予測する方法はあるでしょうか？

もしこれが成功すれば、食塩が少なくても塩味効率を高めたり、砂糖が少なくても甘味効率を上げたりして、減塩やダイエットしながらでも満足感を与えられる食品を作ることができます。

今までのところ、同じ食品の中ではある程度予測ができますが、食品の種類を広げると、統一的な予測には成功していません。

（畑江敬子）

第2章　下ごしらえと食品の保存

9 ジャガイモの芽をとらなければならないのはなぜ？

ジャガイモはデンプンを多く含みエネルギーを生み出す食材として、またミネラル、ビタミンを含む体の調子をよくする食材として優れています。ところが、人間にとって好ましくない有毒物質であるソラニンが、ジャガイモの萌芽したときや皮が緑に変色したときに、芽およびその基部、変色した皮近辺に局部的ですが急増するのです。このソラニンの急増は、ジャガイモが生長するにあたって、若くて軟らかい組織が虫に食べられないようにと身を守る手段として持っている、ジャガイモにとってはとても自然な反応なのです。

ジャガイモは、市販されているような通常の状態であってもわずかにソラニンを含んでいます。ただ、その量は、測定に使用した品種、大きさ、保管状況などの違いにより、ジャガイモ一〇〇グラム当たり数ミリグラムから数十ミリグラムといわれています。国によってはソラニンを一〇〇グラム当たり二〇ミリグラム以上含むジャガイモの流通に制限を加えています。

ソラニンを多量に摂取すると頭痛、嘔吐、胃炎などの中毒症状を起こしますが、中毒になるソラニン摂取量は成人でおおよそ二〇〇～四〇〇ミリグラムと推定されています。ですから、通常のジャガイモであれば、かなり多量に食べない限りソラニン中毒は起こりません。

一方、萌芽したジャガイモの芽や芽の基部ではソラニン含量が五〇〇ミリグラムにも達するといわれていることから、この部分を食べてしまうと中毒になる恐れはあります。実際、たまにですが、ジャガイモを食べたことによるソラニン中毒が報道されています。これらの中毒は、ソラニンの発生時期や発生部位、そしてジャガイモの保管方法や食べ方などを知っていれば防げたはずなのです。

このことを踏まえて、ジャガイモを使用・保管する場合には次のことに留意しましょう。まず、購入後できるだけ早く食べてしまうことです。萌芽前や皮の緑変前に食べてしまえばソラニンについて何ら問題ありません。萌芽や皮の緑変が見られたら、芽は基部からえぐり取り、緑変部は広めにそぎ取ります。これによりソラニン高含有部分を取り除くことができます。

そして、萌芽や皮の緑変が進行するような条件（高温や明るい場所）で保管しないことです。ジャガイモは収穫後二ヵ月から三ヵ月は休眠状態ですが、その後三度以上の温度で萌芽し、温度が高いほど萌芽しやすくなります。皮の緑変はジャガイモに光が当たると生じます。ジャガイモはサツマイモと異なり、地下茎の肥大したものです。茎ですから、光が当たると葉緑素ができて緑変します。そのとき同時にソラニンも作り出されてしまうのです。

（鎌倉ミチ子）

10 サツマイモは皮を厚くむいた方がよいのはなぜ？

料理において、色は重要な役割を果たしています。サツマイモを使った料理でいうと、たとえばきんとんはお正月の縁起物ですが、その色には黄金色に輝く財宝が貯まるようにとの願いが込められています。また、茶巾絞りはサツマイモの黄色を活かしたきれいなお菓子です。

このように、きんとんにしても茶巾絞りにしても黄色が大事なのですが、サツマイモ自体には色を悪くするアクが多く含まれています。したがって、サツマイモを使ってきれいな黄色を出したいときには、アクの多い部分を取り除き、さらにアク抜きすることが必要になります。皮を厚くむくのは、アクの多い部分を取り除く処置です。

サツマイモの色を悪くするアクには二つあります。一つはクロロゲン酸という物質の褐変です。もう一つはヤラピンという物質で、この物質も空気に触れると黒色になる性質があります。ヤラピンはサツマイモが属するヒルガオ科の植物に含まれ、食品ではサツマイモにしか含まれていません。現在のところ、ヤラピンの生理的役割はまだよくわかっていません。

さて、サツマイモを輪切りにすると白色乳状の粘質物がしみ出てきますが、これがヤラピンです。このヤラピンがとくに多くしみ出る部位が、皮に沿った内側の部分（内皮）です。したがってアクが多く含まれている内皮まで取り除くために、五ミリメートル程度と厚くむくことになります。

ヤラピンは、きんとん作りでは厄介な物質ですが、緩下剤としての効果が知られています。サツマイモを食べると便秘が防げるといわれるのは、ヤラピンと食物繊維による効果と考えられます。また、クロロゲン酸は抗酸化物質と期待されています。これらの物質は、アクが多い表皮、内皮という皮の部分に多く含まれています。

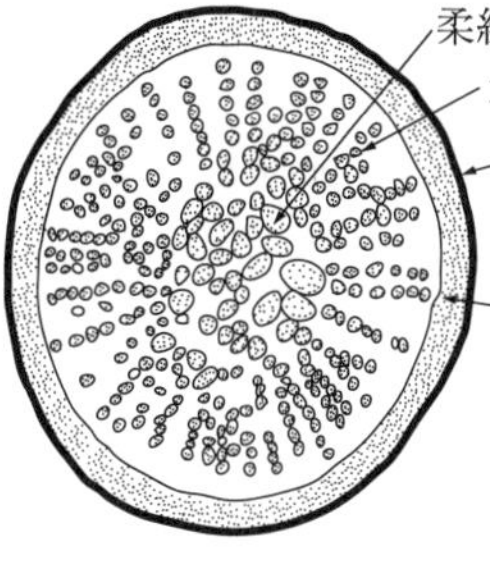

サツマイモの断面図

サツマイモやクリを使ってきんとんを作る際にミョウバンをゆで水の〇・五パーセントほど使うことがあります。サツマイモやクリに含まれるフラボノイド色素とミョウバンのアルミニウムが結合すると、フラボノイド色素の黄色が保たれる効果があるのです。

さらにミョウバンは、煮くずれを防止すると同時にサツマイモが水っぽくなるのも防ぐことができます。ミョウバンは、植物の細胞壁にあって細胞同士を接着させているペクチンを分解しにくくするため、細胞が離れやすくなるのを防ぐことになり、煮くずれしにくくなるのです。

（鎌倉ミチ子）

11 サトイモの皮をむくと手などがかゆくなることがあるのはなぜ？

現在、日本では約一五〇品種のサトイモが栽培されていますが、そのほとんどはイモ（球茎）を食用とする品種です。

サトイモの茎や球茎には、シュウ酸カルシウム結晶が多く含まれています。この結晶の束はわずかな物理的刺激により、崩壊して多数の針状結晶となったうえでそれらを細胞外に飛散させるという特性を持っています。皮をむくと、それが刺激となってサトイモの細胞が破壊され、針状結晶が飛び散って皮膚に刺さるため、かゆくなるのです。ヤマノイモの皮をむいたり、食べるとかゆくなる理由も、サトイモの場合と同様です。

シュウ酸カルシウムはサトイモが極めて若い時期に短い針状結晶（針晶）や細かい結晶の集まりである結晶砂として出現します。やがてこれらが集合して、一方は柱状の束晶（針状結晶の束）に、他方は金平糖状の集晶に発達します。

針状結晶は表皮から二～三ミリメートルのところにもっとも多く分布しています。これらを含む細胞（束晶細胞）は、通常細胞より大きいため明らかに区別できます。束晶細胞の数はサトイモの品種により大きく異なります。

また、葉身（葉）にもっとも多く、葉柄（葉についている茎の部分）、球茎の順に少なくなります。さらに、一般に内側よりも外側の組織に、古い組織より若い組織に、そして表皮の近くの柔組織や細胞分裂の盛んな組織に多く存在します。

シュウ酸カルシウム結晶には昆虫などから身を守る働きもあるため、地上部の方が地下部に比べ、また、球茎では表皮付近の方が内部より高密度になっています。

シュウ酸カルシウムの針状結晶は、えぐ味の原因ともなっています。サトイモのえぐ味は、組織中のシュウ酸カルシウムの針状結晶が舌や食道粘膜を刺激することにより生じると考えられているのです。また、針状結晶による物理的刺激と何らかの化学的刺激が組み合わさって生じるという説や、この針状結晶に付着したタンパク質分解酵素によるという説もあります。

なお、サトイモには糖とタンパク質が結合した物質（糖タンパク質）が含まれ、ゆでるときに泡立ってふきこぼれの原因となります。これを防ぐためには、いったんゆでて水をすて、再び水を入れて火にかけ、軟らかくなるまで加熱します。あるいは、ゆで水の一パーセントの食塩や五パーセントの食酢を加えるとよいようです（項目70参照）。サトイモのぬめりも、同じく糖タンパク質によるものです。

（渕上倫子）

12 涙が出ないようにタマネギを刻むコツは？

タマネギは、生のままで、煮て、炒めてと、いろんな料理に大活躍の野菜ですが、「刻むと涙が出てきてしまうから使いにくい」と思っておられる方は少なくないでしょう。いったい、どうしてタマネギを刻むとあんなに涙が出てきてしまうのでしょうか。

一九七一年に、プロパンチオールS－オキシドという物質が、涙を出させる原因物質であると報告されました。この物質は揮発性があるので、タマネギを刻んでいると、空気中に飛散し目を刺激して涙が出てくるのです。

でも、タマネギにもともとこの物質が含まれているわけではありません。タマネギには、いろんなタイプのS－アルキル－L－システインスルフォキシド（ACSO）という物質が含まれているのですが、タマネギが刻まれて鱗茎（タマネギの食べる部分）の細胞が切断されると、細胞内にある酵素と出会って、さまざまなにおい成分（硫化アリルなど）に変化します。涙のもとであるプロパンチオールS－オキシドは、ACSOの中の成分の一つ、S－1－プロペニル－L－システインスルフォキシドが酵素と反応してできた、におい成分の一つなのです。

では、なんとか涙が出ないようにしてタマネギを刻む方法を考えてみましょう。過去に「刻んでも涙の出ないタマネギ」が栽培されたとの報道もありましたが、普通のタマネギは刻むと涙が出てしまいます。刻むときの工夫で涙が出ないようにできないでしょうか。

まず、一つ目のアイデアは、切れ味のよい包丁を使うこと。切ったときに細胞が多く壊れると、酵素反応が進んでしまいます。よく切れる包丁を使って、むだに細胞を潰してしまわないようにしましょう。二つ目のアイデアは、切る前にタマネギを冷蔵庫で冷やしておくことです。温度が低いと酵素反応を抑えることができますし、プロパンチオールS-オキシドも揮発しにくくなります。また、タマネギを生で使わない場合は、電子レンジなどで軽く加熱して酵素が働かないように失活させてから、タマネギを刻むのもよいでしょう。

しかし、残念ながら、これらの方法では完全に涙が出なくなるわけではありません。どうしても涙を流したくなければ、ゴーグルをつけてタマネギを刻むとかフードカッターを使うといった方法になってしまうでしょう。

ところで、タマネギを刻んでも涙が出なくなることは大変ありがたいことなのですが、酵素の作用でできた硫化アリル（におい成分）には、ビタミンB_1の吸収促進効果、活性酸素消去作用、抗血栓作用（いわゆる血液サラサラ効果）などがあると報告されています。涙が出ないようにすることばかりにとらわれずに、こういう効果も期待しつつ、涙を流しながらタマネギを刻むのも悪くないかもしれませんね。

（真部真里子）

13 ジャガイモ、ニンジンなどのシャトー切りや面取りはなんのため？

ジャガイモやニンジンをシチューにしたり、西洋料理の付け合わせとしてニンジンをグラッセ（つや煮）にするとき、シャトー切りにするとおしゃれになりますよね。シャトー切りは、ジャガイモやニンジンをくし形に切ってから、さらに面取りをしてラグビーボールのような形にする切り方です。

面取りというのは、輪切り、角切り、乱切りなどにした野菜の角を薄くそぎ取ることです。いずれも、角を削り取るのは野菜が煮くずれないようにするためです。角の部分は火の通りがよく速く煮えやすいため、中心部が軟らかくなる前に周囲が軟らかくなってしまい、結果として中心部に火が通る頃には煮くずれてしまうのです。表面の角を丸く切り取ることで煮くずれが防止でき、美しく仕上がります。

フランス料理で多く用いられるシャトー切りは、ニンジンの場合、四〜六センチメートルの長さに輪切りにし、さらに大きさがそろうように縦に二〜六等分に切って、上下は細く中心部は太くなるように角をとりながら、ラグビーボールのような形に整えます。ジャガイモは皮付きのまま縦半分に切り、さらにくし形に大きさがそろうよう数等分し、皮をむきながら面取りをします。

シャトー切りより少し小さめで、三センチメートルくらいのラグビーボール状に面取りしたものをココット切りと呼びます。cocotte はフランス語の幼児語で雌鶏のことです。

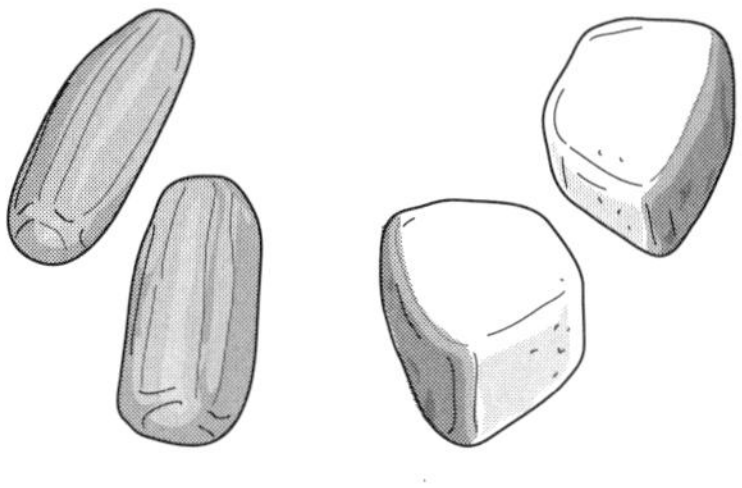

ニンジンのシャトー切り（左）と面取りしたカボチャ（右）

日本料理では、おもにダイコン、ニンジン、カボチャなどの根菜類を煮るときの下ごしらえとして面取りをします。ダイコンをふろふき大根やおでんにするとき、厚さ三センチメートルほどの輪切りにして、皮をむき、切り口の角を落として丸く形を整え、面取りすると美しくなります。

さらに、隠し包丁（裏に十文字に切り目を入れる）により、調味料がしみ込みやすく、加熱が速くなり、お箸で簡単にひと口大に割れて食べやすくなります。角を切りすぎると丸もちのようになるので、注意しましょう。カボチャも煮くずれしやすいので、おもてなし料理のときなどは面取りすることをおすすめします。

包丁でなく、ピーラー（皮むき）で面取りするのも簡単で、きれいにできます。削った角はもったいないので、味噌汁やけんちん汁などの具に利用するとよいでしょう。

（渕上倫子）

14 こんにゃくやレタスを切るとき、包丁を使わずに手でちぎるのはなぜ？

切るという調理操作には、形をととのえ食べやすくするという目的のほかに、食品の表面積を大きくするという目的があります。材料の表面積を広げることにより、熱の伝わりをよくし、調味料の浸透も容易になるという効果があるのです。ほとんどの場合、食品を切る道具は包丁です。しかし、ときには手でちぎることもあります。

こんにゃくは、コンニャクイモの粉をアルカリ剤で凝固させたもので、数少ないアルカリ性を示す食品です。素朴な舌触りが特徴ですが、味そのものはないといってもよく、あくまでも煮汁をしみ込ませ、その味で食べるものです。

こんにゃくは組織構造に方向性がないので、手で簡単にちぎることができます。手でちぎると、包丁でスパッと切ったときより、切り口のでこぼこの分だけ表面積が広がることになり、調味料は表面にからまって味を感じやすくなります。また、こんにゃく独特の舌触りも、あまりになめらかな切り口より、この方がよく味わうことができるのです。ですから、ちぎらないときでも、「たづな切り」のように、少しでも表面を広くする切り方が昔から行われています。

また、イワシのような小さく身の軟らかい魚も、包丁を使っておろすのではなく手開きをするのが普通です。骨と肉が離れやすいということもありますが、手開きをすることによって、表面積が広がり、味がよくしみておいしくなるからです。

サラダにレタスを使うときは、レタスを包丁で切らずに、手でちぎって食べやすくするのが普通です。葉が軟らかくちぎりやすいこともありますが、やはり、包丁で切るより切断面の面積が広がり、ドレッシングなどの調味料がからみやすくなります。

そのうえ新鮮なレタスには、ケルセチンなどのポリフェノール類が比較的多く含まれていることがわかっています。ポリフェノール含量の多い野菜を、鋼の刃の包丁で切るとポリフェノールと鉄が反応して黒くなってしまいます。それも、包丁で切らない理由の一つです。

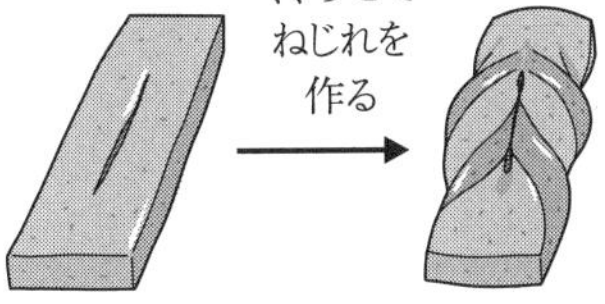

こんにゃくのたづな切り

また、ポリフェノール類に、同じく切ることで植物の細胞中から出てくるポリフェノールオキシダーゼ（酸化酵素の一つ）が接触したとき、空気中の酸素があると、酸化されて黒褐色に変色します。これではおいしそうには見えません。

レタスは手でちぎったあとにすぐ冷水に浸けて、パリッとさせると同時に酵素やポリフェノールを洗い流し、見た目にも美しく仕上げましょう。

（大羽和子）

15 レンコンやウドを酢水に浸けるのはなぜ？

レンコンやウドの切り口が、時間が経つにしたがって赤茶色に変色する現象を目にすることがあります。リンゴも、皮をむいてそのまま置いておくと、同様に赤茶色になってしまいます。これらは、切り口が空気中の酸素に触れると、食品に含まれるポリフェノールが食品中の酸化酵素の作用により酸化するために、赤茶色に変色してしまうのです。ポリフェノール自体は無色か無色に近い黄色ですが、空気に触れると、酸化酵素によって酸化されて褐変します。

レンコンやウドの酸化を防止するには、つまり、変色を防ぐにはさまざまな方法があります。どの方法を利用するかは、「味にあまり影響がない」あるいは「変色防止効果が高い」を基準にそれぞれ判断するとよいでしょう。

その一、水に浸けて空気を遮断することで酸化を防ぐことができます。このとき、変色の原因物質であるポリフェノールが水に溶出します。ポリフェノールはアクの原因物質でもあるので、アク抜きもできることになります。

その二、酢水に浸けると、酢が酸化酵素の働きを止めることにより、より効果的に酸化を防ぎ、変色が抑えられます。また、レンコンやウドに含まれるポリフェノールは酸性で白色に変色するので、切り口が酸性溶液にさらされpHが下がると、元の色よりさらに白くすることもできます。

その三、食塩を加えて酸化酵素の作用を抑制します。食塩水に皮をむいたリンゴを入れるのは、酵素作用を抑える食塩の効果を利用しているのです。食塩の効果は加える量に対応して高くなりますが、その分塩辛くなりますので注意が必要です。リンゴなどは多少の塩味があっても問題はありませんが、塩味がつくとまずくなる食品にはこの方法は用いない方がよいでしょう。

その四、ビタミンCなどの還元剤を加えて酸化を防止します。一般に、酸化酵素によって果物や野菜の成分が酸化されると過酸化物ができます。この過酸化物は他の成分を酸化することができるので、放っておくとどんどん酸化が進みますが、レモン汁のようにビタミンCを含むものをすりおろしリンゴやバナナ、マッシュルームなどの切り口にふりかけると、過酸化物とビタミンCが反応し、酸化の進行をくい止めることができます。この方法では、ビタミンCが使い果たされると酸化が急激に進行するので、長期間効果を期待する場合は、ビタミンCの量に注意が必要です。

その五、熱を加えて酸化酵素の活性を破壊することで、褐変が抑えられます。果物や野菜をジュースに加工したり、果物を缶詰にしたりするときには、この方法が用いられています。

（品川弘子）

16 魚介類はどうして酢水で洗うの?

食酢は、古くから独特の味と芳醇な香りに代表される酸味調味料として親しまれてきました。また、食品に食酢を加えたり、酢漬けにすることで、マヨネーズやラッキョウなどのように、長期間保存できるようになります。これは、なぜなのでしょうか?

自然界に生存している微生物の多くは、強い酸性域や強いアルカリ域では生育できません。食酢のpHは二・〇〜三・五と低く、強い酸性を示すため、酢を加えると食品が酸性側にかたよることにより、殺菌効果が発現します。食酢中では食中毒菌が五分で死滅することや、カビ、酵母に対する増殖抑制効果(静菌作用)のあることが報告されています。

このような食酢の殺菌・静菌作用の利用により、たとえばおにぎりでは二パーセントの酢の添加で一八時間の防腐効果が認められています。また、食酢の添加により長期保存できる調理加工品としてはマヨネーズがあります。

酢を利用した料理には、酢洗い、酢じめ、酢漬けなどがあります。魚介類の酢洗いは、生の魚介類についている細菌類の多くはpH五以下になるとほとんど生育できないことから、表面についた細菌の増殖を抑制し保存性を向上させる効果があります。また、魚の臭みの主体は魚肉中のトリメチルアミンオキシドが細菌によって分解されたトリメチルアミンというアルカリ性の物質であり、酢洗いすることにより中和され、魚臭さを除く効果があります。

魚肉の酢じめは、殺菌効果に加え、pHを下げることで酵素作用を止め、自己消化による腐敗を防ぐことを目的として行われます。酢じめの際は、食酢を単独で用いることはなく、必ず塩じめしてから行います。食酢だけを少量加えても肉は膨潤するだけで、凝固はしないので締まらないのです。

あらかじめ塩じめをしておくと、食塩が魚肉にしみ込んでタンパク質が食塩水に溶けた状態になり、全体が軟らかいゲル状になります。このような塩じめした魚肉に酢を加えると凝固するのです。しめさばにみるように、食塩と食酢をあわせて用いることにより、生のままで食べるよりも歯切れがよく、魚臭さも除かれ、塩味と酸味が合わさっておいしくなります。

酢漬けは、食酢の殺菌作用を利用し、野菜類、魚介類などを酢に漬けて長期間保存できるようにしたものです。一般に、材料はあらかじめ塩を加えると、酢が浸透しやすくなって防腐性が高くなります。例として、ピクルス、ラッキョウ、ママカリの酢漬けなどがあります。アジの酢漬けでは、塩じめ後一〇分浸漬《しんせき》で約二四時間の防腐効果が認められています。

（下坂智恵）

17 霜降りってなんのためにするの？

「霜降り」というと、牛肉の霜降り肉を思い浮かべますか？　霜降り肉は、赤い牛肉の中に細かく白い脂肪が網の目のようにちらちらと入り込んでいる状態の肉で、特別な飼育法で作り出したものです。

料理でいう霜降りとは、魚介類の肉や獣鳥肉を固まりのまま熱湯にさっと通して表面だけが白くなる程度に加熱する方法です。この湯で加熱する方法を湯霜といいます。マグロの角作り、とりわさなどを作るときに行います。

マグロの角作りは、四角い棒状に切った肉を湯に入れて表面が加熱されたらすぐに取り出して冷水で冷やしてから二～三センチメートルの長さに切って作ります。とりわさは、とりのささ身肉をさっと湯にくぐらせて適当な大きさに切って、湯通しした三つ葉などとともに山葵《わさび》醤油であえます。これらは、魚肉や鶏肉の表面を加熱凝固させて硬くし、内部は軟らかな生肉のままさしみとして食べるもので、周辺部の硬くなった部分と軟らかな肉の二種類の異なったテクスチャーを同時に味わうことができるものです。

タイの皮作りは、タイに皮をつけたままでお作りにしたものですが、まな板の上に片身の皮がついた方を上にして置き、その上を固く絞った布巾で覆い、まな板を斜めにして熱湯を注ぎます。タイの皮は美しい赤色になって少し縮んで、軟らかくなります。これは魚の硬い表皮を軟らかくして食べる方法で、とくにタイでは皮がおいしく、また赤いので美しいお作りができます。

さらに、カツオのたたきも下ごしらえに霜降りをしたさしみの一種です。カツオをさくに切り、金串を刺して周囲を焼いて厚めに切り、ポン酢などの調味料とネギやタマネギ、大葉、ミョウガ、ショウガその他の薬味をのせて叩き、味をなじませたものです。この場合は焼き霜といいます。軟らかなカツオの肉は焼くことで周りが硬くなり、硬い皮は焼くと軟らかになります。皮を作っているのは結合組織で、これはコラーゲンが主な成分であり、加熱によって変性をして軟らかくなるのです。

カツオのたたき

一般に筋肉の内部には細菌は入っていませんが、漁獲して輸送したり、調理したりしている間に肉の周囲は汚染され、細菌が付着しやすくなっています。これを熱湯に通したり、焼き加熱で殺菌することは衛生的な処理であり、また、皮を加熱すると皮下脂肪が溶け出て脂肪のうま味が加わっておいしさが増します。

（下村道子）

18 干ししいたけのうま味を強くするには？

干ししいたけにはうま味があり、だしの素材としてよく利用されています。この干ししいたけはもどし方によってうま味が強くなることを知っていますか。

同じだし素材のかつお節や昆布には、うま味成分としてイノシン酸やグルタミン酸が多量に含まれています。しかし、干ししいたけのうま味成分であるグアニル酸という成分は、もともと干ししいたけ中に多量に含まれているのではなく、加熱調理中に作り出されるため、調理条件によってうま味の強さが異なります。

干ししいたけのうま味成分は干ししいたけに含まれているヌクレアーゼという酵素によって核酸が分解されて作られます。しかし、干ししいたけには作り出されたうま味成分のグアニル酸を分解するホスファターゼという酵素も含まれていて、これらの酵素がいろいろな加熱条件の中でどちらが強く作用するかでうま味の強さが変わってきます。

うま味成分を作り出す酵素ヌクレアーゼはシイタケの菌傘《きんさん》にあるひだ部分の表層部に多く分布し、中性付近では六〇度前後まで働きます。干ししいたけでは五〇～七〇度でもっとも多く生成し、うま味成分はもどし汁に移行します。一方、うまみ成分を分解する酵素ホスファターゼはシイタケの菌傘の上部表層にかたよって存在し、酸性では六〇度まで働きますが、中性から微アルカリ性では四〇度で働かなくなります。ホスファターゼは、干ししいたけから溶出したうま味成分がある程度蓄積しないと働きません。

干ししいたけからうま味成分をより多く作り出すには加熱速度が影響します。酵素作用は高温になると失活しますから、加熱する場合、ヌクレアーゼをよく働かせ、ある程度うま味成分が蓄積したところで、ホスファターゼが働かないように高温になるのがよい条件です。もっとも多くのうま味成分を生成するのは、一分間に四度の割合で温度上昇するゆっくりとした加熱であることがわかっています。干ししいたけをもどし汁と一緒に蒸してみると強いうま味に驚かされますが、これはゆっくりの加熱によるものと考えられます。

電子レンジでの加熱では温度上昇速度が速く、うま味成分を作る酵素も分解する酵素も十分に働かないのでうま味は多く作られません。

ところで、食塩や砂糖を入れるとうま味成分は多くなるのでしょうか？　もどし汁に食塩や砂糖を添加した場合、うま味成分の生成はいずれも抑制されます。その理由はまだ明確にされていませんが、酵素反応への影響というよりは、食塩や砂糖が干ししいたけの吸水や脱水を抑制してしまうことによると推測されています。つまり、食塩や砂糖は干ししいたけをもどすときに添加するのではなく、加熱調理を行うときに添加するのがよいということになります。（石井克枝）

19 魚、レバーの臭みが牛乳に浸すと取れるのはなぜ？

食物のにおいは、食物が本来もっている生鮮のにおい、食材の調理や加工のときに酵素の作用を受けて生じるにおい、調理で生じる加熱香気、微生物の増殖による発酵食品のにおいや保存・貯蔵中に生成されるにおいなど、それぞれに特徴があります。一般的に、においには「香り」と「臭み」があり、香りは比較的心地よいときに、臭みは不快なときに使われます。

とくに調理や加工時に生臭いにおいを消すことは、料理の風味を増すことになります。魚の生臭さや肉のけもの臭さを消す際には、ハーブなどの香気野菜や香辛料を使って特有のにおいによる制臭効果を利用する方法があります。

また、においをよく吸収するといわれている牛乳や味噌などの素材を利用して除臭する方法もあります。牛乳にはいろいろなにおいを吸着する効果があるのです。たとえば魚や鶏肉、あるいはレバーのムニエル、フライなどを作るときの下処理として、生肉を牛乳に浸したあとに加熱処理を行うことがあります。

魚臭成分としては、アミン類（トリメチルアミン、ジメチルアミン、ピペリジン）、酸類、カルボニル類、含硫化合物などが知られています。揮発性のアミン類の大部分はアンモニアであるとされています。生の肉類には弱い血液のにおいや動物特有の臭気が混ざっており、その成分は、硫化水素、メチルメルカプタン、アセトアルデヒドなどです。

牛乳タンパク質の主成分はカゼインで、これらはリン酸カルシウムと結合して複合体を形成し(カゼインミセルという)、牛乳中にコロイド粒子として分散しているのです。このカゼインミセルは、牛乳中に微細粒子として存在しています。ミセルとは、分子が相互作用によって結合してできる、巨大な集合体を意味しています。牛乳中のこのコロイド粒子と、乳清タンパク質や乳脂肪球でできた皮膜は、生臭みや不快臭の成分を吸着する性質があります。

つまり牛乳が臭みを吸収する作用は、牛乳中のタンパク質であるカゼインや微細な脂肪球が非常に小さい粒子として多く存在しているため、その表面積が大きく、そこへいろいろな物質が吸着しやすくなることによるものなのです。牛乳を冷蔵庫で保存するとき、蓋をしないとさまざまなにおいを吸収してしまうことがあるので注意が必要です。

また、レバーや魚肉を水に浸けて臭みを除こうとすると、水溶性タンパク質、つまりうま味成分が溶出してしまいますが、牛乳に浸けた場合、水よりも魚やレバーのうまみ成分の溶出が少なくなります。

味噌の除臭のしくみも牛乳と同様で、味噌に含まれているタンパク質の小粒子がにおい成分を吸着するからだといわれています。

(松本憲一)

20 冷凍マグロを上手に解凍するには？

さしみやすし種として私たちが食べている魚介類の多くは、冷凍品として流通しています。魚介類の冷凍品の解凍では、凍結前の元の状態に戻すことが理想です。

一般に魚介類の冷凍では、およそマイナス一度からマイナス五度の温度帯を最大氷結晶生成帯といいます。冷凍や解凍をする際にここをゆっくり通過するのが緩慢冷凍（または解凍）、速やかに通過するのが急速冷凍（または解凍）です。解凍の方法としては、緩慢解凍は冷蔵庫内での解凍、急速解凍は水や塩水に浸ける、あるいは、電子レンジを用いる方法などがあります。

さしみとして食べる生鮮解凍では、細菌を繁殖させないように注意することが肝要です。解凍過程で食品が達した最高温度を解凍終温といいますが、解凍終温は五度以下であることが望まれます。また、解凍過程で融解した水の熱伝達率は氷の約四分の一と小さく、解凍は冷凍に比べて熱の伝達が遅いという特徴があります。そこで、冷凍品が大きく厚みがあるほど、解凍過程において食品表面と内部では温度差が大きくなります。この温度のずれが大きいと、解凍に時間がかかり、鮮度の低下を招きます。もっともよい生鮮解凍法は、低温急速解凍ですが、家庭では、冷蔵庫内で解凍する方法が一般的なようです。

さしみの筆頭である冷凍マグロを冷蔵庫内で緩慢解凍するときは、まずマグロを小さなさくに切り、解凍に長時間かからないようにします。また、吸水シートの上に置くか、脱水シートで包んでからラップで密閉します。こうすれば解凍中に流出するドリップで表面が侵されません。

しかし、マグロの鮮赤色を損なわないように解凍したいならば、じつは緩慢解凍は望ましくありません。冷凍マグロのさくを二度で二四時間冷蔵して緩慢解凍して作ったさしみは、赤色の強さを測ると、三〇度の塩水解凍および電子レンジ解凍のものより赤色の程度が低くなり、官能評価でも黒ずんでいると判断されました。これは、マグロの鮮やかな赤色が、ゆっくりと時間をかけて解凍すると黒ずんだ色に変色するからです。

マグロの赤色は、おもに肉色素のミオグロビンです。ミオグロビンは酸素に触れると鮮やかな赤色であるオキシミオグロビンとなり、さらに酸化されるとメトミオグロビンになり、黒褐色に変色します。メトミオグロビンは、最大氷結晶生成帯において生成しやすく、緩慢解凍するとマグロの黒色化が促進されます。

なお、電子レンジで解凍すると、鮮度の高いマグロは解凍硬直で筋肉が収縮し、さしみとして好まれない場合があります。このように、いまだ万全な解凍法はないのです。（松本美鈴）

コラム

新鮮な魚を見分ける方法

魚介類の生食では、鮮度のよいことが第一条件です。古くから、魚臭は少なく、皮膚はみずみずしく、光沢があり、魚体、とくに腹部は硬く締まっているもの、目は澄んでいて陥没していないもの、鰓《えら》は赤色で黒ずんでいないもの、そして筋肉に弾力があるものなどが、感覚的に鮮度のよい魚と判定されてきました。

魚の肉は、水揚げ直後は軟らかいのですが、やがて死後硬直し、その後再び解硬して軟らかくなります。魚肉の生化学的変化にともなう物理的変化を示すものとして、硬直指数があります。頭部から魚体の半分までを水平な板の上に乗せると魚体の残りの部分は垂れ下がるので、板の表面を水平方向に延ばした線と尾部の付け根までの長さを測定し、硬直の進行度を定量的に判定する簡便な方法です。

また、化学的な方法の１つに、鮮度の指標として用いられるK値を測る方法もあります。生命活動のエネルギー源であるアデノシン３リン酸（ATP）は、死後には順にアデノシン２リン酸（ADP）、アデノシン1リン酸（AMP）、イノシン酸（IMP）、イノシン（HxR）、ヒポキサンチン（Hx）へと分解されます。このうちIMPまでの変化は速やかですが、HxR、Hxへの変化は比較的緩やかです。鮮度が高いほどIMPが多く残っており、鮮度が低下するとHxRとHxの割合が多くなります。

K値は全核酸関連物質の中でのHxRとHxの割合であり、魚種によって違いはありますが、K値がほぼ20%以下の場合は鮮度がよく、さしみやすし種として食することができます。

（吉岡慶子）

21 アクってなに？ アク抜きはどうやってするの？

アクは食べておいしくない成分のことで不味成分とも呼ばれ、広義には外観が損なわれる褐変反応を起こす成分なども含まれます。アク成分は食品ごとに固有のものではなく、植物性食材では、有機酸、有機酸塩、無機質、ポリフェノール、アルカロイドなどがあります。また、動物性食材では、肉類などをゆで加熱をしたとき、浮き上がってくるフワッとした固形物もアクで、これは脂質と変性したタンパク質が会合したものです。

調理操作によってアク成分を除くことをアク抜きといい、食材の種類によってアク成分が異なることから除去にもいろいろな方法があります。

タケノコはゆでる際に米ぬかなどを加えてアク抜きをします。米のとぎ汁も用いられます。タケノコのえぐ味の原因とされるホモゲンチジン酸はデンプンコロイドに吸着されるといわれており、この場合はゆで水の方に出てきたアク成分が分散しているデンプン分子に吸着されることで除去されることになります。

ホウレンソウのえぐ味はシュウ酸が原因ですが、ゆでることによってゆで水に溶出し約半分になります。さらにゆでたあと水にとることで、葉の表面についたアク成分も除去されます。

ワラビやゼンマイなどの山菜ではアク抜きに灰汁《あく》（木灰やわら灰を水に溶かして沈殿させた上澄み液。カリウム塩を多く含むので強いアルカリ性となる）や重曹などアルカリ性の液を用います。ゆで水がアルカリ性だと組織の軟化が促進され、アク成分が溶出しやすくなるのです。また、クロロフィルを含む食品の場合は、アルカリ性の液でゆでることは緑色の保持にも効果があります。

アクは野菜だけでなく、肉を加熱する場合にも見られます。スープをとるときに上に浮いてきたり、煮物を作るときに煮汁の上に出てくる凝固物がそれです。このアクをこまめに取ることが、おいしく仕上げるコツとされています。

牛すね肉でスープストック（スープの素）を調製したときに出てくるアクの中のタンパク質と脂肪の割合を測った研究があります。それによると、できあがったスープストックにはタンパク質が六・三パーセント、脂肪が一・六パーセントであるのに対し、アクにはタンパク質は一・八パーセントしか含まれず、脂肪が三七・五パーセントも含まれていました。それ以外のタンパク質と脂肪は肉に残っていましたから、スープストックに溶け出した脂肪は大部分アクとして除かれたことになります。

以上の例は不味成分としてのアクを除く方法ですが、好ましくない変色もアクといい、それを除く方法もいろいろです。

リンゴ、ジャガイモ、ゴボウなどは皮をむいたあと、放置すると変色（褐変）してきます。これは、ポリフェノールオキシダーゼというリンゴやジャガイモの中にある酵素が、同じくリンゴやジャガイモの中にあるポリフェノール類に作用したときに、空気中の酸素があると酸化反応が起こり褐変物質ができるためです。皮をむいたり切ったりしなければ、このような反応は起こりません。多分、これら植物が未熟のうちに虫などに食べられるのを避けるために、傷口に褐変物質を作って自分を守っているのでしょう。

褐変を防止するには、酵素反応をできるだけ抑えることです。これは同時にアク抜きにもなります。リンゴ、ナス、ゴボウではクロロゲン酸、ジャガイモではチロシンから生成されるL－DOPA（ドーパ）、ヤマノイモではカテキン、レンコンではタンニンなど、食品の種類によって褐変の原因になるポリフェノール類は異なります。酵素反応が起こるには、酵素と基質（この場合は褐変の原因となるポリフェノール）と酸素が接触することが必要です。したがって、これを防ぐには三つのうちどれかを除けばよいことになります。

リンゴやジャガイモを切ったあと水に浸けることには酸素との接触を防ぐ効果が、また食塩水に浸けるのにはさらに酸化酵素の活性を低下させるなどの効果があります。水中にも溶存酸素がありますから、水に浸けても緩やかに酵素反応が起こり、一日後には切り口に褐変が見られますが、普通はそれほど長い時間水に浸けることはないので、通常の時間の範囲なら褐変防止に効果があります。

（香西みどり）

22 ホワイトソースを作るのに、だまにならない方法は？

家庭で簡単にできるホワイトソースの作り方は、白いルーと牛乳を合わせる方法です。ルーとは小麦粉を同重量程度のバターで炒めたもので、焦がさずに白く仕上げたものをホワイトルー、焦がしたものをブラウンルーといいます。白いルーと牛乳を合わせるときに、しばしばだまになることがあります。どのようにしたら、だまにならないのでしょうか。

ホワイトソースの作り方を見てみましょう（図）。はじめに鍋にバターを入れて溶かします。バターの融点以上に温めればよいので、四〇度くらいでしょう。次に小麦粉を入れてバターと混ぜ合わせ、加熱します。ブクブクと、バターと小麦粉に含まれる水分が蒸発（一〇〇度くらい）し、さらっとしてきたら（一一〇～一三〇度）、白いルーのできあがりです。

この白いルーに牛乳を入れるときに、だまができやすいのです。だまができる状態を分析すると、牛乳とルーを合わせたときの温度が高いことが原因であるとわかります。つまり、小麦粉の糊化温度より高いと、部分的に糊状の固まりができ、だまとなるのです。温度に注意し、牛乳とルーを合わせたときにしっかりと攪拌《かくはん》（かき混ぜる）をすれば、だまはできません。

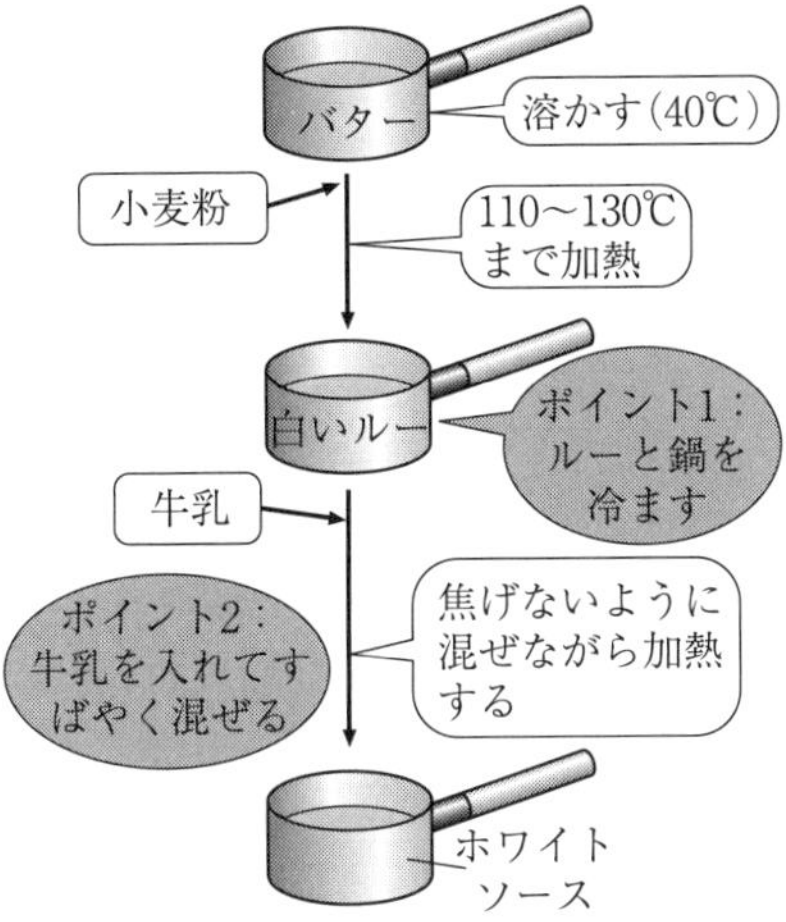

ホワイトソースの作り方

まず、ルーと鍋を五〇〜七〇度まで冷まします(図・ポイント1)。次がもっとも重要です。皮膜ができない程度に温めた牛乳(五〇〜六〇度)をルーに一気に四分の一程度入れ、すばやく混合します(図・ポイント2)。泡立て器を使ってもよいのですが、鍋の側面についているルーが残らないようにしてください。ここで牛乳の量を少なめにするのは、ルーと牛乳を合わせたときに攪拌しやすく、だまができにくいようにするためです。

このとき、ルーの小麦粉が牛乳の中に一様に分散した状態にすることが必要です。そうすれば、温度を上げてもだまはできないのです。

あとは残りの牛乳を加え、焦げないようにとろみがつくまで加熱をすれば、おいしいホワイトソースができあがります。(大越ひろ)

23 卵は鈍端を上にして保存した方がよいって本当?

買ってきた卵を保存するには、冷蔵庫に入れるのが一般的です。このとき、卵殻の丸い方（鈍端）を上にして保存するのがよいとしばしばいわれます。これは本当でしょうか?

卵は有精卵ならば、将来ひよこになる卵黄と、卵黄を囲んでいる水分の多い卵白からなっています。卵白は、卵黄を守るために殺菌や静菌作用のある成分を含んでいます。しかし、卵白の作用は、生みたて卵のようなしっかりした卵殻がなければ発揮されません。つまり、卵の貯蔵性を保つポイントは卵殻を保護することにあります。そのためには、調理するまでは低温に保存していねいに扱うことです。卵殻が割れて細菌が卵白内に侵入して繁殖するなどのことが起こらないように注意しましょう。

また、卵殻には気孔という小さな穴がありますが、その表面にはクチクラ（角質）が付着しており、表面を乾燥させて保存していれば、気体は通過させますが、細菌やカビは卵殻膜の内側までは通過させにくくなっています。これも卵が貯蔵性が高い理由です。

卵の丸みのなだらかな方、つまり鈍端は卵殻が薄く、気孔を通って外気が入りやすいので、気室という空間ができます。気室は卵殻の内側にある二枚の卵殻膜の間に空気がたまったもので、生みたての卵にはほとんどありません。しかし、時間の経過とともに卵白から蒸発する水分が多くなるために内容物の体積が小さくなり、そこへ外から空気が侵入して、気室ができるのです。気室は卵が古くなるほど大きくなり、ゆでたときに卵殻が割れやすくなります。

また、卵白や卵黄が少しでも殻の外にしみ出ると細菌汚染が速やかに進みます。冷蔵庫内で低温で保存すれば、このような変化が遅くなり、品質を保つことができます。

卵はとがった方（鋭端）より鈍端の方が薄く、割れやすいため、市販のパック入り鶏卵や持ち運び用の鶏卵パックでは、鈍端を上にして入れる形になっています。家庭の冷蔵庫で保存する場合は、持ち運んだり、振動させたりするわけではありませんから、鈍端、鋭端どちらを上にしてもかまいません。ちなみに、孵卵器で有精卵を孵化させるときは必ず鈍端を上にし、温度を三七・五度に保ちます。鋭端を上にすると孵化率は著しく低下します。

卵の内部は栄養たっぷりで細菌の好物です。市販の卵の賞味期限は一～二週間程度となっていますが、これは冷蔵庫に入れておけば生みたて状態を保てる、つまり生で食べてもよいという期限です。賞味期限を過ぎた卵は加熱調理してからすぐに食べましょう。

（田名部尚子）

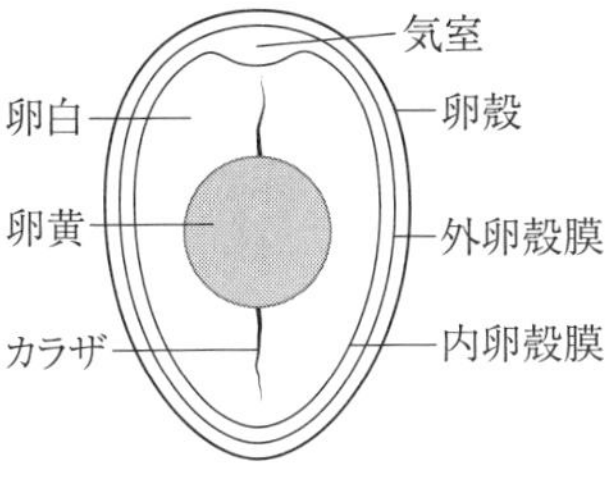

卵の構造

24 野菜を冷蔵庫で立てて保存すると鮮度が保たれるの？

よく、野菜がもともと地面に生えていた状態で保存するとよいといわれます。とはいえ、家庭用の冷蔵庫では野菜をいちいち立てて入れるのは面倒です。そこで、ホウレンソウ、コマツナ、カイワレダイコンを用いて、本当に立てて保存した方がよいのかどうか調べてみました。

まず、前日に収穫された三種類の野菜を購入しました。これらの野菜を五株ずつ、収穫前の状態である立てた状態のほか、横に寝かせた状態、逆さに吊るした状態にして、それぞれ湿度を九五パーセントに保つ容器に入れ、冷蔵庫と同じ温度の四度で一四日間保存しました。

四日目、七日目、一四日目に、重量、水分量、緑色の変化、ビタミンC量を測定しました。さらに、七日目と一四日目のホウレンソウとコマツナはゆでて、味わってみました。その結果、重量、水分量、緑色の変化、ビタミンC量のいずれにも、どの野菜についても、置き方による統計的な違いはありませんでした。また、ゆでた際の味、香り、すじっぽさなどにも差はありませんでした。

グラフは重量保持率とビタミンC量の変化を表した結果です。零日目つまり収穫した翌日を一

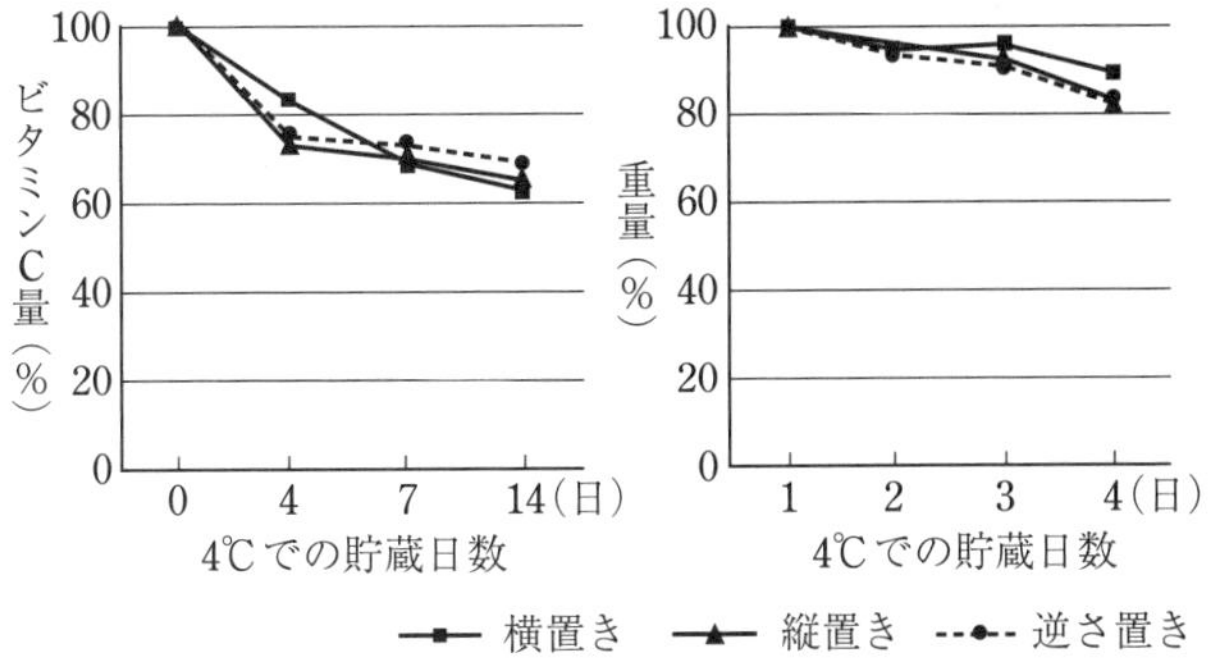

置き方の違いによるホウレンソウの変化

右が重量、左がビタミンC量。

○○として、四日目、七日目、一四日目の保持率で示してあります。保存すると水分の蒸発によって野菜の重量は減りますから、どの日も同じ条件で比較できるよう、ビタミンCについては零日目の重量あるいは水分を除いた乾燥物重量あたりに換算してあります。

それではなぜ、野菜は立てて保存した方がよいといわれるのでしょうか？　はっきりとした理由はわかりませんが、古い研究に、野菜を常温で農場から市場へ運ぶ場合について調べたものがあります。そこでは立てた方がよいと述べられており、それが結論だけ伝えられてこのようなことがいわれているのかもしれません。

しかし、家庭の冷蔵庫で野菜を立てて保存しようとすると、冷蔵庫の引き出しをよほど深くしないと入りません。そうなると野菜はいつの間にか倒れてしまい、下積みになってつぶれたり、底の方で忘れられたりしがちでしょう。無理に野菜を立てるよりは、冷蔵庫の中を時々チェックすることの方が大切です。

（畑江敬子）

25 野菜の保存温度は低い方がいいの?

　野菜は収穫後も呼吸や代謝を行い、表面から水分の蒸散なども起こっていますから、時間の経過とともにしおれたり、色が変わったり、成分が変化したりして、品質は徐々に低下します。このような変化は温度が高い方が早く進みます。

　一般に、化学反応は温度が一〇度上がると反応速度は二〜三倍になることが知られています。二五度の室温と五度の冷蔵庫の中を比較すると温度の差は二〇度ですから、化学反応の速度は約一〇倍違うことになります。貯蔵中の呼吸や蒸散、代謝などを抑えるためには温度をなるべく低くした方がよいということになります。

　したがって、多くの野菜の保存には、凍らない程度の低温で、しかも湿度の高い状態が適しています。野菜は水分が多いので、凍らせると組織が損傷を受けてしまい、解凍したときにもとの状態には戻らず、おいしくありません。保存条件の違いによるビタミンCの減り方をみると、低温と高湿度が保存に適していることがわかります。

　たとえば、チンゲンサイを八度、湿度四〇パーセントの条件で保存すると、ビタミンCは四日後にもとの四四パーセント、一〇日後に二二パーセントに減ってしまいます。しかし、これを二度で湿度九五パーセントの条件で保存すると、四日後ではもとの八一パーセント、一〇日後では六九パーセントです。

ところが、野菜の中には零度よりも一〇度の方が保存に適しているものがあります。カボチャ、キュウリ、ナス、サツマイモ、オクラなどです。これらはいずれも、おもな栽培地が熱帯、亜熱帯であり、低温では細胞膜が損傷を受けるので、冷蔵庫に入れない方がよいのです。キュウリの表面がネトネトしたり、ナスの表面に茶色い穴が空いたりするのは低温による障害です。

また、サツマイモも、低温では腐ってしまいます。江戸時代に、飢饉を救うために薩摩の国から江戸へ運んで保存したサツマイモが、冬の低温のために半分以上腐ってしまったという話があります。薩摩の国は暖かいため冬でも問題がなかったのに、江戸では気温が低く、低温障害でこのようなことが起こったのでしょう。サツマイモの保存には一五度が適しています。一〇度以下になると低温障害が起こります。

ジャガイモは、よくフライドポテトにして食べられます。低温で保存したジャガイモは糖が増えるために、そのままフライドポテトにすると、茶色く変色してしまいあまり好まれません。そこで、フライの前にいったん二〇度に保存するコンディショニングという操作を行い、還元糖を少なくします。なお、ジャガイモは日光や光の当たらないところに保存しましょう。光に当たると、皮の部分に有害なソラニンという物質ができて緑色になります（項目9参照）。（畑江敬子）

第3章 加熱調理の科学

——焼く、炒める・揚げる、煮る・ゆでる

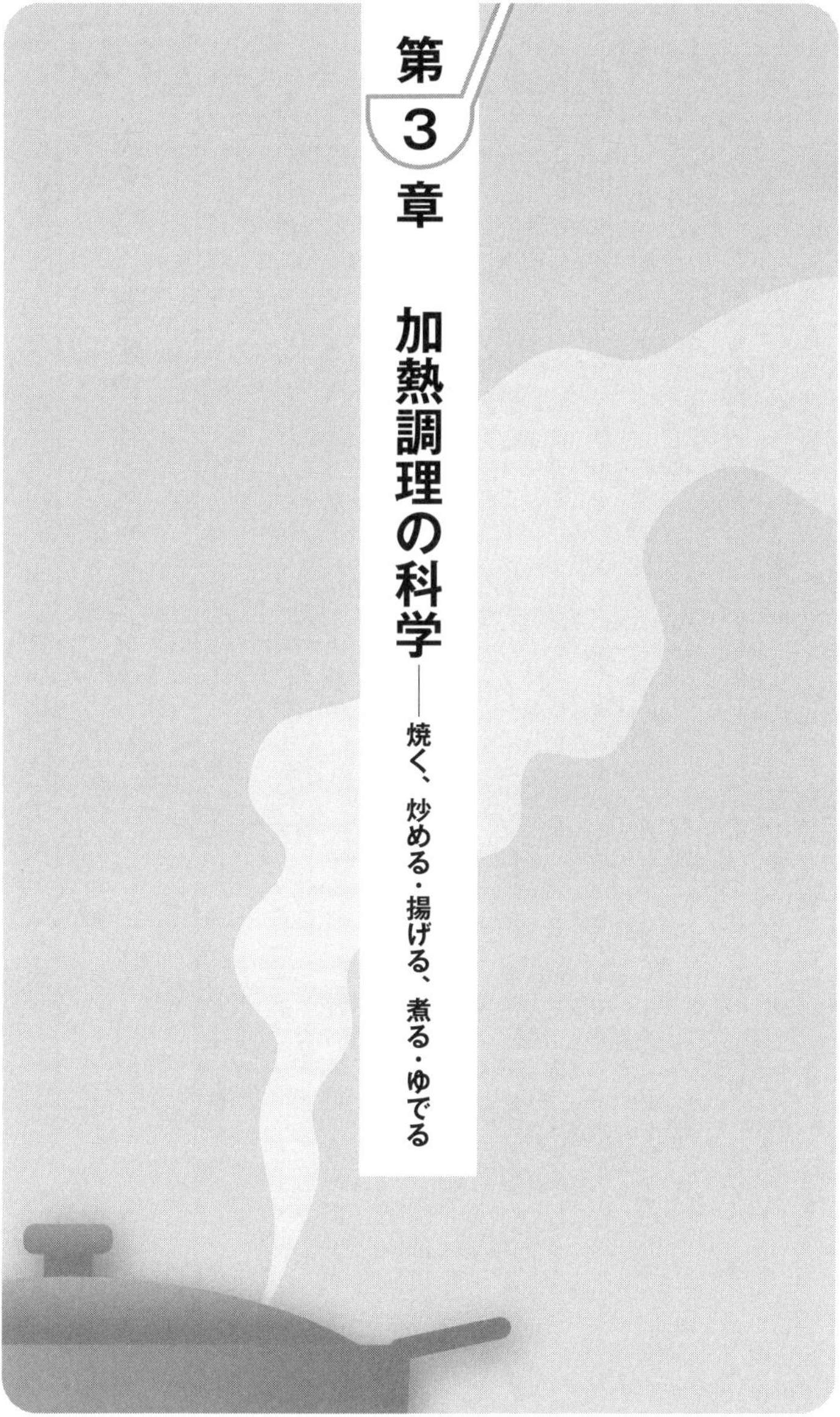

26 肉を焼くと焼き色がつくのはなぜ？

肉は生で食べることはほとんどなく、加熱調理して食べるのが普通です。肉を加熱すると、色が変わり、収縮してきて、肉汁が流れ出てきます。これらの変化は、すべて筋肉タンパク質が熱変性した結果です。

肉の赤い色は、おもに肉色素タンパク質のミオグロビンによるもので、加熱すると灰褐色のメトミオクロモーゲンという物質になります。肉の筋原線維タンパク質も変性して不透明に白くなるので、肉全体が灰褐色になります。牛肉のようにミオグロビンや血色素のヘモグロビンが多い肉では褐色が強くなり、豚肉や鶏肉では薄い灰褐色に変化します。加熱の途中段階ではタンパク質の一部が熱変性している状態なので、一部が生であり、色はピンクです。このような肉色の変化は六〇度付近で始まり、七五度になると肉の内部は完全に灰色がかった白色になります。

加熱による肉色の変化を利用してできあがりを判断する例に、ビーフステーキがあります。ビーフステーキの焼き加減は表面がほどよい焼き色で、中心部の色により、赤色のものをレア、ピンク色になったものをミディアム、灰褐色に変化したものをウェルダンとしています。

また、煮たり蒸したりする調理では水を利用して加熱しますので、肉は一〇〇度以上にはなりませんが、焼く調理では熱源に接している鉄板やフライパンが二〇〇度以上にもなることが特徴で、肉の表面温度も高温になり、水分の蒸発による味の濃縮と焦げの風味がつきます。そして表面ではミオグロビンそのものの変化のほかに、アミノカルボニル反応が起こり、焼き色は複雑に変化します。

表面のアミノカルボニル反応は、筋肉タンパク質に存在するアミノ基がカルボニル基と反応して起こるもので、褐色を呈します。カルボニル基は脂質の酸化で生じるアルデヒド類、還元糖、ビタミンCとその分解物、野菜や果実のポリフェノール類などの食品成分から生成されるものです。アミノカルボニル反応とは、アミノ基とカルボニル基が分解・重合などの複雑な反応を経て、最終的にメラノイジンという褐色色素になるまでをいいます。通常の焼き肉の焼き色は、このような複雑な反応の結果なのです。

とくに、糖類を含んだ調味料に漬けておいた照り焼きなどの肉では、高温の一五〇〜二〇〇度で焼くと、肉の表面でアミノカルボニル反応や糖のカラメル化が急激に進行します。パンやケーキの焼き上がりの表面の適度な焦げ色はこの反応によるもので、おいしそうに見せるために重要な役割を果たしています。加熱最後の黒い焦げ色は、炭素が表面に出てきたものであり、その途中ではさまざまな分解が起こり、香り成分などになって揮発してくるため、香ばしい焼き肉の香りも発生して、食欲をそそります。

（長尾慶子）

27 魚を焼くには、なぜ「強火の遠火」がいいの？

魚焼きのコツは、「強火の遠火」といわれています。これは、魚を七輪の炭火で焼くのが当たり前だった頃の炭の火加減と、炭と魚の距離を表した言葉です。

おいしい焼き魚は、次のような要件を満たしているといえます。①表面にきれいな焦げ色がついている。②身の中まで火が通っている。③適度な水分が残っている。

①は見た目のおいしさとともに、香ばしい香りが食欲を誘います。②は火を通すことでタンパク質が変性し、生魚にはない食味やふっくらとした食感が得られます。③はいわゆるジューシーといわれる状態で、口当たりがよく、おいしいエキスが閉じ込められています。

「強火」は、魚の表面を焦がすのには適していますが、あまり強すぎると中まで火が通るより先に表面が焦げてしまいます。そのため魚を炭から遠ざけ「遠火」にする必要があります。炭から出る放射熱は、「遠火」にすることで大きく広がって、広い範囲を焼くことができます。一方、「遠火」では、魚に当たる熱が弱まって焦げ目がつきにくくなり、焦げ目が適度になるまで焼いていると、魚の水分が蒸発しすぎてパサパサになります。そのため「強火」が必要になります。

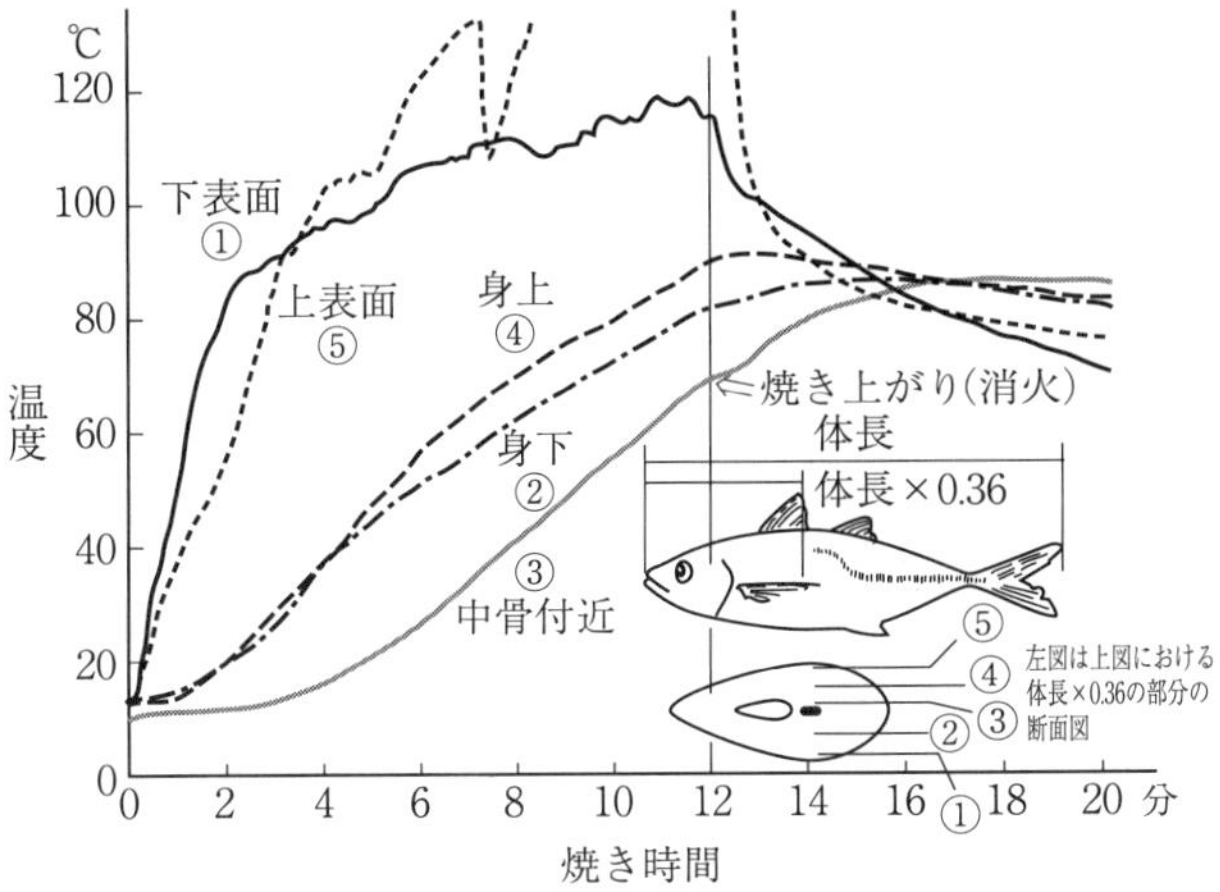

両面焼きグリルによる魚焼き調理の温度

表面の焦げ色と身への火の通り具合がちょうどよい場合の、魚の温度変化を示した。

殿畑、松原「大阪女子学園短期大学紀要」(1994) より作成

つまり魚焼きのコツ「強火の遠火」とは、魚全体が均一に焼けて、しかもきれいな焦げ色がつくのと同時に、魚の中まで火が通るようにするためには、炭火の火力を強くし、魚は炭火から遠ざけて焼くのがよいということです。

最近、一般的に使われている台所用コンロについている魚焼きグリルは、魚の上面から放射熱で焼く片面焼きタイプと、上面に加えて下面からも加熱して上下同時に焼く両面焼きタイプとがあります。どちらも七輪に比べると熱が出る範囲が広く、しかも均一になっています。焦げ色のつき方と身の中への火の通り具合がちょうどよい「強火の遠火」が、グリルによって再現されているのです。

（松原秀樹、山下満智子）

28 肉と魚を加熱したときの違いはなに?

肉や魚は、日常の食生活において重要な食品であり、また、ごちそうの主役になるものです。私たちが食べている肉の成分は畜肉も魚肉も、その種類、年齢、部位によって多少異なりますが、ほぼ七〇パーセントの水分と、二〇パーセント前後のタンパク質、一〇パーセント前後の脂質からなっています。肉質の軟らかい、硬いというテクスチャーに関係するのは肉を構成しているタンパク質の種類と量です。

筋肉タンパク質は、畜肉も魚肉も同じで、その性状や性質によって三つのグループに分けられます。繊維状の筋原線維タンパク質、その間を満たしている粒状で水溶性の筋形質タンパク質、筋線維を包んで束ねている肉基質タンパク質であるコラーゲンです。とくに、コラーゲンの量や質が筋肉の硬さに影響し、畜肉では筋肉タンパク質の二〇〜三〇パーセントを占めていますが、魚肉は非常に少なく一〜三パーセント前後です。魚肉にはコラーゲンが少ないことが、畜肉に比べて生肉で軟らかく、さしみとして食べることができる理由です。さらに、筋線維の長さが短いことも、生の魚肉が軟らかい理由です。

カツオ	0.60
トビウオ	0.45
マアジ	0.43
カレイ	0.40
キチジ	0.27

魚の筋形質タンパク質の比率（筋原線維タンパク質を1とした場合）

値が大きいほど加熱で身が硬くなり、小さいほど加熱で身がほぐれやすくなる。

魚肉も畜肉も生ではほぐれにくく、ぐにゃっとしていますが、加熱すると次第に色が変わり、硬くなります。牛肉では、温度が高くなるにつれて筋原線維タンパク質が徐々に凝固して硬くなり、コラーゲンは六〇度前後でいったん収縮して硬くなったあとは、徐々にコラーゲンの分解により軟化の方向に進みます。つまり、肉を加熱するときの硬さは筋原線維タンパク質による硬化とコラーゲンの軟化の兼ね合いで決まります。この傾向はコラーゲンの多い牛肉で顕著ですが、豚肉も鶏肉も同様です。このような畜肉をそぼろにしようとすると、生の状態で機械的に細かく挽き肉にしなければなりません。

それに対して、魚肉はコラーゲンが少なく、またその熱変性温度は畜肉より低くゼラチン化しやすい、すなわち溶けやすい性質なので、加熱肉の硬さにはほとんど影響しません。魚肉のコラーゲンが分解してゼラチンになりやすいことは、畜肉の煮汁よりも、煮魚で簡単に煮こごりができることからもわかります。

ところで、加熱したときに身が締まって硬くなる魚種と加熱すると身がくずれやすくなる魚種があるのはなぜでしょうか。たとえば、カツオは生では身が軟らかく、たたきにして表面だけ硬くして口触りに変化をもたせるほどです。加熱すると硬くなり、かつお節が作られます。一方、キチジは煮付けにして食べるとおいしい魚ですが、身はほぐれやすく、決して節になったりはしません。

魚肉を加熱したときの肉の硬さの変化には、筋線維一本の太さ（ほぐしたそぼろの一本に相当します）と、筋形質タンパク質と筋原線維タンパク質との量比が影響します。一般に筋線維が細く、筋形質タンパク質の割合が大きい魚種は加熱すると身が締まって硬くなります。筋形質タンパク質／筋原線維タンパク質の比率は表（91ページ）のように、カツオとキチジでは約二倍の違いがあります。

魚を赤身魚と白身魚に分けると、赤身魚は白身魚に比べて筋形質タンパク質が多く、加熱により筋形質タンパク質がセメントのように働いて筋線維を硬く均質に固めます。これを乾燥させると、カツオは節加工ができます。白身魚は筋形質タンパク質が少なく、加熱すると筋線維がばらばらになりやすいので、タイやタラではそぼろになるのです。

（三橋富子）

コラム

ハムの焼き色

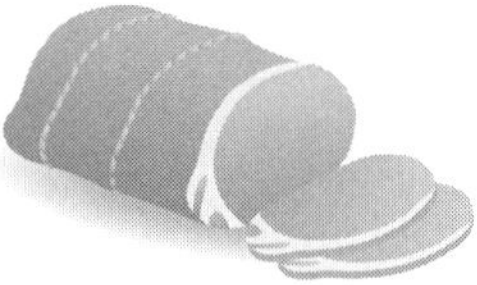

豚肉は、ポークソテーなどで見られるように、赤い生肉を加熱すると灰色になります。豚肉の生の色は、肉色素タンパク質（ミオグロビン）によるもので、この色素のタンパク質部分が熱変性すると、灰褐色をしたメトミオクロモーゲンに変化するからです。

一方、ハムやベーコンは鮮やかなピンク色をしていて、炒めたり焼いたりしても色が変わることはありません。ハムやベーコンは豚肉から作られているのに、なぜ加熱してもピンク色を保っているのでしょう？

ハムやベーコンは一般に、塩漬《えんせき》、充塡、乾燥、燻煙、加熱、冷却、包装の一連の工程により製造されます。この中の塩漬の工程で使用する液の中に、食塩とともに発色剤の亜硝酸塩を加えておくと、それが液の中で変化して一酸化窒素が生じます。これと肉のミオグロビンとが反応して、赤色のニトロソミオグロビンになり、さらに加熱工程で熱変性を受けてニトロソミオクロモーゲンになります。これがハムやベーコンのピンク色です。

ニトロソミオクロモーゲンは熱で変化しない性質を持っており、そのために、ハムやベーコンを加熱してもピンク色が保持されるのです。

なお、ハムやベーコンは生産方法や品質規格が日本農林規格（ＪＡＳ）によって定められています。中でも、熟成ハム・ベーコン類は検査を受けてこの基準に合格すると、特定ＪＡＳマークが製品につけられます。（島田和子）

29 包み焼きはどんな料理に向いているの？

焼き物には、魚や肉などの食品を直接熱源にかざして焼く直火焼きと、フライパンや鉄板の上で、また、オーブンの中などで加熱する間接焼きとがあります。

包み焼きはアルミ箔、パラフィン紙、和紙などで食品を包んだものを網やフライパンにのせたりオーブンに入れたりして加熱する間接焼きの一種で、包まれた食品は蒸し焼きをしたようになります。包むことによって加熱中に出てくるエキス分を包みの中にとどめることができますし、調味液やソースを加えて一緒に加熱することもできます。

包み焼きは、淡白な味を持つ食品の風味を活かしたい場合に用いられます。また、比較的細かい食材で、焼き網の目から落ちやすいものなども、包めば加熱できます。加熱中に香りも包みの中に閉じ込められるので、好ましい風味を逃がしたくない場合に向いているといえます。包み焼きがよく用いられるのは白身魚やエビ、カニなどの魚介類や、マツタケのようによい香りを楽しむものなどです。

アルミ箔や紙だけでなく、パイ生地や小麦粉ドウの包み焼きや、塩釜焼き（タイや鶏肉などの

タイの塩釜焼き

木槌で叩くと（上）、塩釜が割れて中からタイが現れる（下）。

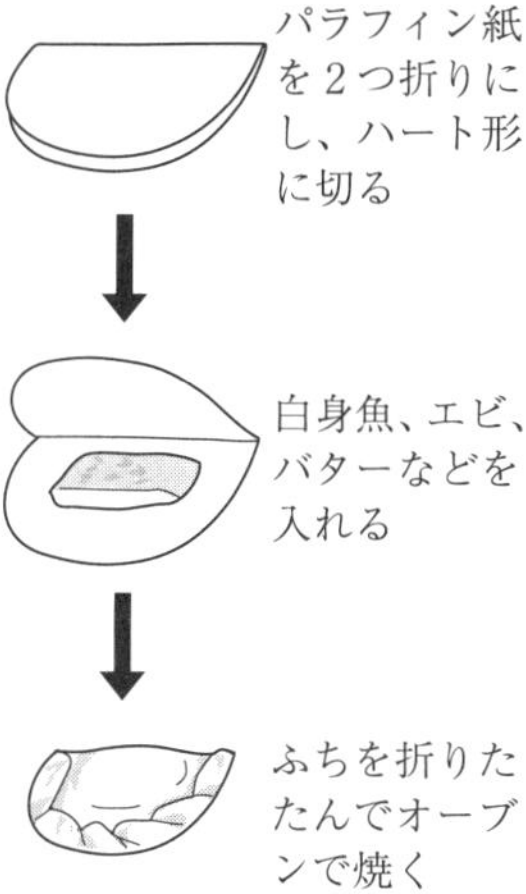
パラフィン紙を2つ折りにし、ハート形に切る
白身魚、エビ、バターなどを入れる
ふちを折りたたんでオーブンで焼く

白身魚の紙包み焼き

周囲を多量の食塩で包み、オーブンなどで加熱する方法）もあります。塩釜焼きは必ずしもオーブンを必要とせず、下からしか加熱できない場合でも蓋のようなもので覆えばよいので、アウトドアでもできます。写真はタイをワカメで包み、その周囲を塩で包んで焼いた塩釜です。レストランなどでは、それをお客の目の前で割ってみせる一種のパフォーマンスも楽しめます。

　塩釜焼きでは、食品の表面全体に塩味がつきますが、焦げ目はつきません。また、パイ生地で包んだ場合に比べると熱が伝わりやすく、内部の温度上昇が急速であることがわかっています。

　ポリネシアの、魚介類をバナナの葉で包んで蒸し焼きにする「ウム料理」も包み焼きの一種です。

（畑江敬子）

30 チーズを焼くと、引っ張ったときに糸をひくのはなぜ？

チーズは世界各国でさまざまなものが作られており、におい、味などにそれぞれ特徴があります。牛、羊、山羊などの乳に乳酸菌と酵素を入れて固め、さらに水分を減らしたり、発酵、熟成させたりしています。牛乳のタンパク質の大部分はカゼインで、カゼインはいくつか集まって固まり（サブミセル）になり、さらにサブミセルがカルシウムとリン酸の架橋でつながったカゼインミセルという固まりとなっています。酵素の作用でカゼインミセル同士をくっつけて固めたものがナチュラルチーズというわけです。

さて、ナチュラルチーズを使ってピザを作ると、チーズを引っ張ったときに糸をひきますね。このように、加熱するとチーズが糸をひくのは、チーズの中にもともと糸のような構造があるからではありません。加熱して軟らかくなったカゼインミセルが、引っ張られた方向にずれながら伸びたものが、糸のように見えるのです。ナチュラルチーズではカゼインミセル同士がカルシウムとリン酸の架橋でつながっているので切れにくく、引き延ばされるのです。

一方、一種類から数種類のナチュラルチーズを熱で溶かして作ったものがプロセスチーズで、

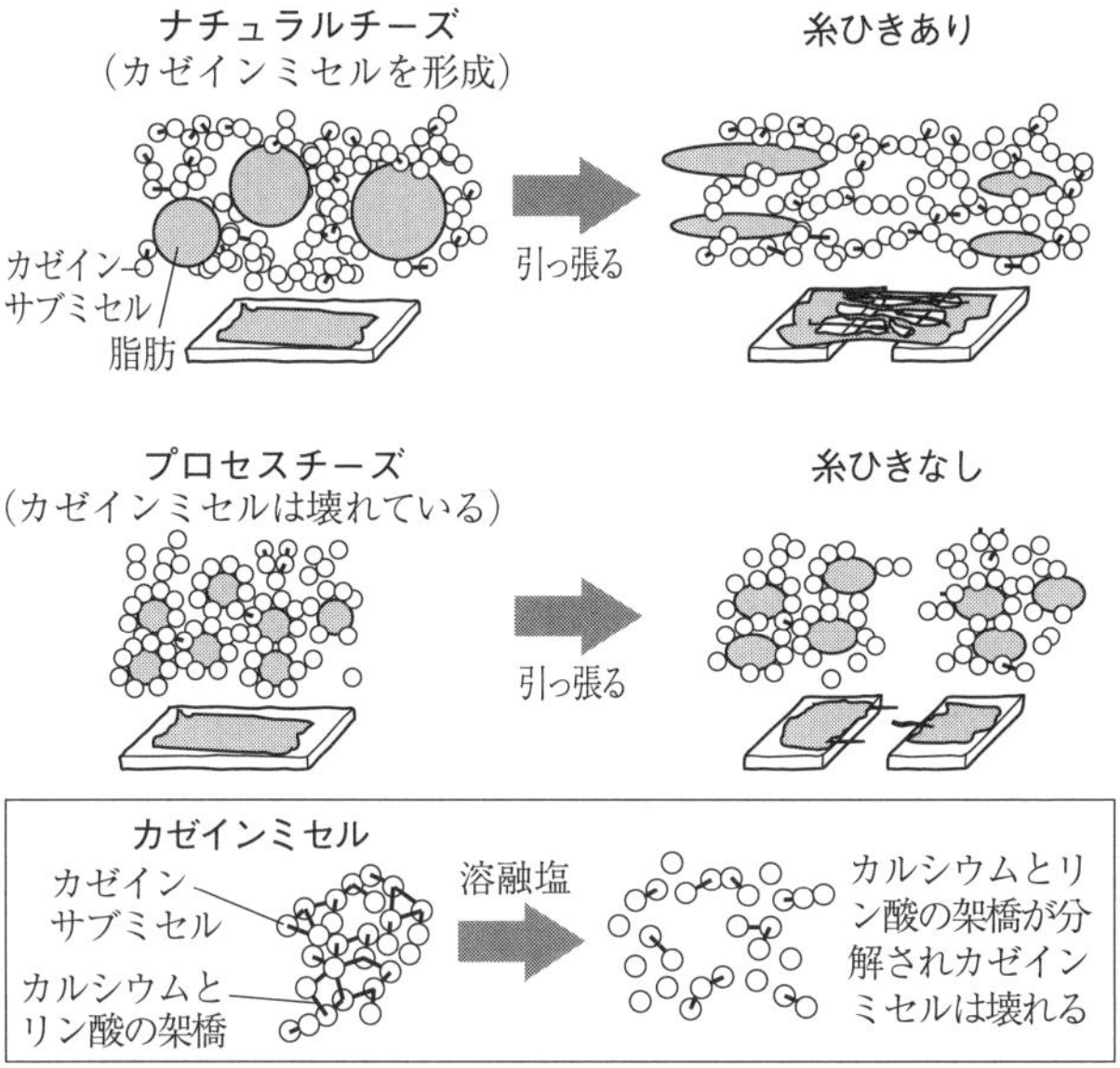

チーズの構造と糸をひくしくみ

ナチュラルチーズの乳酸菌を殺菌して保存性を高めたものです。ナチュラルチーズをそのまま加熱すると油脂や水分が分離してしまいますので、それを防ぐために、リン酸塩やクエン酸塩などカルシウムと結合する性質のある塩類(溶融塩)を添加しています。

この溶融塩によってカゼインミセルと結合しているカルシウムが少なくなり、カゼインは油脂や水分となじむ性質に変わるため、なめらかな組織のプロセスチーズになります。

プロセスチーズではカルシウムとリン酸の架橋がなくなっているので、加熱して引っ張っても糸をひきません。

(河内公恵)

31 炒め物をおいしく仕上げるコツは火力だけ？

炒め物は、あたためた鍋に油を入れ、材料を攪拌《かくはん》しながら加熱する料理です。和・洋・中国料理、いずれも調理の基本は同じで、高温にした鍋と油で材料に火を通します。

できあがった料理が油臭いというのは、油の温度が低すぎることが原因のひとつなので、炒め物は強い火力で行うようにしましょう。そのほかに、材料の状態、加熱する順番、加熱時間、そして下準備も大切です。どれ一つ欠けても、おいしい炒め物はできません。

炒める操作では、材料の周りを油が覆って、鍋の熱が油の膜を通して材料の表面に伝わっていきます。材料が大きいと表面と内部の温度差が大きくなるので、材料は小さく切ります。材料を複数用いるときは、切り方、形をそろえるとよいでしょう。また、材料により火が通りやすいもの、通りにくいものがあります。大きさをそろえることも必要ですが、熱が通りにくい材料は、あらかじめゆでておくとよいでしょう。

加熱の際は、火が通りにくく、加熱時間のかかるものから入れ、軟らかく火の通りやすいものはあとから入れます。加熱時間が長くなると、材料から水分が出て、歯ざわりが悪く、煮物のようになってしまいますので、「加熱時間は短く」となります。

ニンジンとゴボウのきんぴらなど、材料が硬いものは火が通るまでに焦げてしまうことがあります。その場合、少量の水を加えてください。鍋の高温で入れた水が水蒸気になり、材料が蒸し焼きのような状態になるため、ふっくらとおいしく仕上がります。

材料を十分に熱した鍋に入れても、できあがった炒め物が水っぽくなったことはありませんか？ 材料を入れたあと、何度もかき混ぜていると熱が逃げてしまい、高温で炒めているはずが、低温で炒めていることになっているのです。プロの料理人は、鍋を大きく動かして豪快に材料を炒めていますが、それは使用している火力が強いからこそできるのです。家庭では鍋を火から離さず、かき混ぜる回数を控えるようにするとよいでしょう。

ニンニクやショウガ、ネギ、赤唐辛子などの香味野菜を先に炒めて香りを引き出したいときは、必ず低温で加熱して、よい香りになったら、火を強めて主材料を加えて炒めます。材料を八分どおり炒めたら、調味料を加えて仕上げましょう。材料に火が通ると、材料のかさが減ります。目分量で先に味をつけると濃すぎることがありますから注意しましょう。

中国料理の手法で、「油どおし」という操作がありますが、これは、炒める前に材料を一三〇～一五〇度ぐらいの油の中で短時間加熱することです。材料の周りに油の皮膜ができ、とくに植物性の材料からの水分が出にくくなり、その後の炒め時間が短くなるので歯ごたえがよくなり、色も鮮やかになります。

（比護和子）

32 天ぷらをからっと揚げるには？

揚げ物は、水より高温になる油を用いて加熱した料理です。高温で加熱するため、調理時間が短いことが特徴です。衣を付けて揚げる天ぷらは、〝からっ〟と揚がった衣はもちろんのこと、中の材料が蒸された状態になり、それぞれの持ち味が閉じ込められていることが、独特のおいしさを生み出しています。また、〝花の咲いたような〟衣は、見た目にもおいしそうです。揚げ方のポイントはいくつかありますが、まずは衣です。衣には粘りを出さないことが大切で、衣に使う粉とそれを溶く水には必要な条件があります。

小麦粉を水でこねるとグルテンができます。タンパク質の少ない薄力粉をあらかじめ冷凍庫などで冷やしておくと、グルテンが形成されにくいため、衣に粘りが出にくくなります。衣の基本配合は薄力粉一カップ（約一〇〇グラム）に卵一個と冷水一五〇ミリリットル程度です。

衣を作るには、冷えた卵と冷水を合わせた卵水の中にふるった粉を加え、粘りを出さないように、太い箸でざっくりと混ぜます。多少、粉が均質に混ざっていなくてもいいのです。卵を用いると加熱中に膨らみながら凝固するので、衣がふわっと揚がります。

次に、揚げ材料の下準備です。材料は旬のものを用いましょう。葉物はきれいに洗って水気を切り、サツマイモは五〜七ミリメートルの厚さに切り、水に浸けてアクを除き、水気を切ります。エビは背わたを取り、丸まらないように腹側に二〜三ヵ所切り込みを入れ、尾の先を切り水気を除きます。イカは皮をむき、丸まらないよう両面に切り込みを入れて体軸方向に短く切ります(項目56参照)。

揚げ油には、新しい油を使います。古い油は〝からっ〟と揚がりません。油の量が少ないと、材料を投入したとき、揚げ油の温度が一気に下がるので、油の深さは五センチメートル以上必要でしょう(家庭の揚げ鍋では九〇〇〜一〇〇〇ミリリットルの油が必要となります)。

揚げ温度は材料の成分によってちがいます。デンプン性のもの(サツマイモ、カボチャなど)は一五〇〜一六〇度、これらは材料に含まれているデンプンが揚げ操作中に糊化することでおいしく揚がるので、低温でゆっくり加熱するのがポイントです。青菜や葉野菜は一六〇〜一七〇度、緑色の野菜類は加熱温度が高すぎると色よく揚がりません。魚介類は一八〇度前後が適温です。タンパク性食品は、揚げ温度が低いと油に材料を投入してから加熱凝固までに時間がかかり、形よく揚がらないことがあります。

材料には衣を付けすぎないようにして、低い揚げ温度のものから順に揚げていきます。一回に揚げる量は油表面積の半分以下にし、適温を保持します。揚げ油に少しごま油を加えると風味がよくなります。揚がったら重ならないようにバットに立て、油切りをします。

(市川朝子)

コラム

トランス脂肪酸

油脂はグリセリンに脂肪酸が3個結合した物質から構成されています。油脂の性質は、脂肪酸の種類で決まります。常温で液状か固体か、口溶けのよさ、酸化されやすさなどです。

脂肪酸は炭素が鎖のようにつながったものです。脂肪酸の中で、二重結合を持つものを不飽和脂肪酸、持たないものを飽和脂肪酸と呼び、トランス脂肪酸は不飽和脂肪酸のひとつです。

自然界では、トランス脂肪酸は牛のような反芻《はんすう》動物の肉や乳に含まれますが、その多くは食品加工における水素添加の工程で生成します。水素添加とは、油脂の物性を変えるために液状油に水素を添加することです。ベーカリー製品にサクサク感などを与えることができるものです。また、油脂を精製する過程での脱臭時にもトランス脂肪酸が生成します。

トランス脂肪酸は悪玉といわれるLDL コレステロールを増加させ、善玉といわれるHDL コレステロールを減少させるといわれています。すると狭心症や心筋梗塞などにかかりやすくなります。WHO ／ FAO（世界保健機関／国際連合食糧農業機関）合同専門家会合では、トランス脂肪酸摂取量を総摂取エネルギー量の 1%未満とするようすすめています。

脂肪摂取量の多いアメリカやデンマークなどでは、食品中のトランス脂肪酸量に規制を設けています。これまでの調査では、日本人のトランス脂肪酸摂取量は1人1日当たり総摂取エネルギーの 0.3%ですから、それほど問題にする必要はないと考えられます。油脂の摂取量の多いかたよった食事をしている人は、トランス脂肪酸というよりは油脂の摂取量を減少させ、バランスのよい食生活を目指す必要があります。　（高村仁知）

解説2 料理に油を使うわけ

油脂は食品に特有のおいしさ（油脂味）を付与します。揚げ物、炒め物、焼き物のいずれでも、油脂を用いることで高温加熱による効果が表れます。油脂味の付与に加え、材料と油脂の成分が反応して香気を形成したり、口触りのよいテクスチャーを付与することなどが特徴です。

油脂味が付与されたわかりやすい例としては、パンにバターを塗ったり、シャーベットに比べアイスクリームを濃厚でおいしいと感じたり、二杯酢に比べフレンチドレッシングに味のまろやかさを感じたりすることなどが挙げられます。

テクスチャーの付与の例は、お菓子などに多くみられます。製菓・製パンに用いられる油脂は、製品にショートニング性やクリーミング性を与えます。クッキー、パイ、クラッカーなどの小麦粉練り製品のもろく、砕けやすい性質がショートニング性です。

一方、パウンドケーキやバタークリームを作るとき、固体脂を十分に攪拌すると空気を細かい気泡として固体脂の中に抱き込んで体積が三〜四倍に増え、軽い口触りの製品にすることができます。この性質がクリーミング性です。固体脂のクリーミング性は、大きいものから順にショートニング、マーガリン、バターとなります。

では、加熱調理の熱媒体としての油脂について考えてみましょう。油脂の比熱（物質一グラムの温度を一度上げるのに要する熱量）は〇・四七で水の約二分の一と小さく、同じ火力で熱すると水の約二倍の速さで温度上昇し、容易に一〇〇度以上の温度が得られることから、揚げ物に使われます。速く高温になるということは、材料投入による温度低下も大きいので調理操作中は加熱条件をこまめに調節することが大切です。

揚げ物の油の適温は、表に示したように揚げ物の種類や材料によって一三〇～二〇〇度前後とかなり温度幅があります。揚げ物は高温短時間で材料を軟化させたり、熱凝固させることが可能なため、ビタミン類のなかでも加熱によって破壊されやすいビタミンCは、長時間加熱の必要な湿式加熱に比べて破壊されにくいといわれます。

油は水と混ざらないので、油は潤滑油になり、食品同士の付着性を防ぐ働きもしています。食品を加熱するとき少量の油を加熱器具に塗ることは、食品が器物に付着するのを防いでいるのです。鍋に少量の油を入れて加熱し、そこに材料を入れると表面のタンパク質はただちに熱凝固し、デンプンは糊化し、脂肪は溶出して鍋に付着しません。ハンバーグステーキ、オムレツ、ムニエルなどを焼くときに行う、鍋に薄く油を塗る操作はこの例に当たります。

また、植物油を食酢と一緒に瓶に入れて強く振ると、油は油滴となって分散し乳濁状になります。こうした性質を利用したものに、フレンチドレッシングやマヨネーズがあります。フレンチドレッシングはしばらく放置すると分離してきます。油と水は混ざらない性質を持ち、比重も違

種類	特徴	調理例	温度（℃）	時間（分）
素揚げ	材料のまま	ポテトチップ（二度揚げ）	130 170〜180	8〜10 1〜2
		パセリ	130〜150	0.5〜1
		クルトン	160〜180	0.5〜1
衣揚げ	デンプンや小麦粉	鶏、肉、魚（唐揚げ）	170〜180	2〜5
	水分が少ない	カツレツ	170〜180	3〜4
		コロッケ	190〜200	1〜1.5
	水分が多い（天ぷら）	魚、貝類	180〜190	1〜2
		イモ、野菜類	160〜170	3〜4
		青ジソ、のり	140〜150	1〜2

揚げ物の種類と油の適温・揚げ時間

うからです。したがって、食前によく振って混合させて用います。市販のフレンチドレッシングには、乳化剤を添加して分離しにくくしたものも多くあります。家庭で調製するときには練り辛子や卵黄などを少量加えることでそれらが乳化剤の働きをし、分離しにくいフレンチドレッシングにすることができます。

一方、マヨネーズは食酢、卵黄、塩などの中に多量の植物油を加えたものです。油は油滴となって分散し、その周りを卵黄由来のレシチンが囲んでいるため、互いに集まることなく安定した状態が保たれています。これを水中油滴型エマルションと呼びます。フレンチドレッシングと違って、分離することはありません。

なお、食品としての油脂はエネルギー源であり、また必須脂肪酸の供給源としても重要な役割を担っています。

（市川朝子）

33 すね肉などの硬い肉でも、煮込むと軟らかくなるのはなぜ?

牛は大型の家畜で、その体重は雄で三〇〇〜一〇〇〇キログラム、雌でも二五〇〜八〇〇キログラムもあり、肉の量は多く、また部位によって肉質に大きな違いがあります。軟らかい肉も硬い肉もあり、それぞれの肉をあますところなく、おいしく食べる工夫が古くからなされてきました。軟らかい肉はそのまま焼いて食べますが、硬い肉を食べやすくするためには、長時間煮込んだり、挽き肉にしたり、調味料や野菜・果物の汁に浸したりします。

とくに硬いすね肉などは、シチューなどの煮込み料理にします。「煮る」という操作では、煮汁の中で食品を加熱するため食品が焦げず、長時間の調理にも向いているのです。

すね肉は脂肪が少なく、コラーゲンが筋肉タンパク質の五〇パーセント近くもあって、長時間煮込むことでコラーゲンが分解されてゼラチンになり、溶け出してきます。ゼラチンがスープストックに溶け出すと、肉の呈味成分であるアミノ酸、有機酸、無機塩類、種々のペプチドとともに牛肉スープ特有の「こく味」(味の持続性、濃厚感、広がり)と呼ばれる風味が増加し、厚みのあるおいしさが出てきます。

硬い肉を煮込んだシチューのおいしさには、呈味成分の変化だけでなく、物理的変化が大きく寄与しています。肉を噛んだとき、この肉は軟らかい、硬いと感じるのは、肉に含まれるさまざまな筋肉タンパク質の性質を総合的に判断しているのです。肉を加熱すると、主成分である筋肉タンパク質の保水性が低下し、肉の水分は減少して煮込んだ肉の筋原線維タンパク質は凝固し、硬くなります。しかし、さらに加熱すると筋線維を包んで束ねているコラーゲンがゼラチン化するので、筋の部分はほぐれて、軟らかくなります。

シチューのように、高温を保って長時間煮込む料理には、厚手の鍋がよいでしょう。厚手の鍋は熱の伝わり方が緩慢で平均しており、保温性もよいので、火力を小さくしても鍋全体が平均に加熱され、高温を保つことができます。

硬い肉を食べるには、このように煮込んで軟らかくするほかに、挽き肉にする方法があります。硬い筋を肉挽き機で機械的に切断して食べやすくしようとするもので、ハンバーグステーキや肉だんごなどの調理がその例です。

さらに、筋肉タンパク質を分解する酵素、プロテアーゼを利用する方法もあり、酵素を含むショウガやタマネギの汁、キウイフルーツ、パイナップルなどの汁に肉を浸します（項目47参照）。これは焼き肉などを作る場合に行われています。また、肉を焼く前にマリネにして酸性にすることで、コラーゲンがゼラチン化しやすくなります。野菜を一緒に用いることは、肉の臭みを防ぐと同時に、野菜に多いアミノ酸が加わって味をよくする効果もあります。

（津田淑江）

34 ワインで煮ると、なぜ肉が軟らかくなるの？

ワインは、アルコール濃度が一二〜一六パーセント程度の嗜好飲料ですが、料理にも用いられます。牛肉の赤ワイン煮やコック・オ・ヴァンとして有名な鶏の赤ワイン煮など、西洋料理には獣鳥肉類をワインで煮込む料理、あるいは、ワインでマリネしてから煮込む料理があります。

白ワインは、ぶどうの果汁のみを酵母で発酵させて醸造します。酵母は、アルコール以外にも有機酸など種々の副産物を生成し、ワインに風味を与えます。白ワインには、リンゴ酸の酸味に起因するさわやかな風味があります。

一方、赤ワインは黒ぶどうや赤ぶどうの果皮や種子を含んだ果汁を発酵させて作ります。そのために、アントシアン色素などによる深みのある赤紫色になり、タンニンによる渋みがワインに加わります。肉の煮込み料理に用いるワインには、ワインの香味により獣鳥肉の不快なにおいを抑えること、および赤ワイン特有の赤紫色を料理に補うことが期待されています。そして、ワインには、肉の軟化効果もあります。

牛もも肉を、水、白ワイン、赤ワインにそれぞれ三時間浸けたあと、その汁ごと火にかけ、沸騰してから一〇分間煮た肉の硬さを比較しました。その結果、赤ワインに浸けてから煮た牛もも肉の硬さの測定値がもっとも小さく、次いで白ワイン、水の順でした。

また、コラーゲンを主成分とする結合組織を多く含み、非常に硬い部位である牛すじ肉を、幅一・五センチメートル、長さ五センチメートルの短冊切りにし、水、白ワイン、赤ワインにそれぞれ三時間浸してから煮込んで、歯で噛み切れるようになるまでの時間を比較しました。その結果、水だけでは一二〇分間煮ても噛み切れる軟らかさにはなりませんでしたが、赤ワインや白ワインでは三〇分程度の加熱で噛み切れる軟らかさになりました。牛もも肉や牛すじ肉のように硬い肉は、ワインで煮ると軟化が促進されることがわかりました。

硬い肉を煮込むと軟らかくなるのは、肉基質タンパク質の主成分で、筋肉の束を包んでいる膜状のコラーゲンが分解して溶け出すためです。軟化した牛すじ肉の表面を走査型電子顕微鏡で観察するとコラーゲン線維が明瞭に観察され、結合組織の構造が疎になっていることがわかります。白ワインのpHは、三・二〜三・五付近です。ワインで加熱したり、ワインに浸けたあと加熱すると、コラーゲンは酸性下で膨潤しやすくなり、加熱にともなって分解・可溶化が促進され、硬い肉は速やかに軟らかくなります。

赤ワインで煮た牛もも肉は、水煮に比べて、加熱後の重量が多く、肉汁も多く、テクスチャーが好ましいと評価されました。赤ワインには、肉の軟化を促進するだけでなく、肉汁を保持して、煮込み料理の肉のテクスチャーを改良する効果があるのです。

（松本美鈴）

35 根菜を煮るのに、塩を入れると速く軟らかくなるって本当?

一般に葉菜類に比べて根菜類は加熱時間が長く、軟らかくなるのに時間がかかります。加熱によって野菜が軟らかくなるのは、細胞と細胞の間にあって接着剤の役割をもっているペクチンが熱で分解されてその働きが弱くなり、細胞が分離しやすくなるからです。ペクチンが分解されると力を加えられたときの抵抗が弱くなり、野菜は押しつぶされます。このつぶれるということが、細胞と細胞が分離しやすくなっていることを意味します。

さらに、加熱によって野菜の細胞膜は半透性（一定の大きさ以上の粒子を通さない性質）がなくなっているために、生のときは細胞内に閉じ込められていた細胞液が外に出やすくなり、細胞を中から押す力（膨圧）もなくなっています。細胞自体の張りがなくなり、さらに細胞間隙のペクチンが分解するため、噛んだとき抵抗が少なく、軟らかいと感じるわけです。

野菜を速く軟らかくするにはどうしたらいいかというと、まず煮汁の温度を高くすることです。軟化する速度は温度が高いほど大きいからです。根菜類は均一に加熱するために水から加熱するとよいといわれますが、温度上昇速度が小さいほど、すなわちゆっくり加熱するほど、硬化が起こりやすい五〇~八〇度を通過する時間が長くなります。丸ごとの野菜など大きなものを加熱するときも温度上昇速度が小さくなります。

硬化が起こると、煮くずれしにくい、適度な硬さを保っている時間が長くなるなどの利点はありますが、軟らかくなるのに時間がかかります。速く軟らかくしたければ、温度上昇速度が大きい条件、すなわち熱湯でゆでる、または表面積が大きい形状、すなわち小さく切る、平板状やひも状に切るなどの工夫が考えられます。さらに、圧力鍋を用いると沸騰点が上がり、約一二〇度まで加熱されるので軟化は急激に起こります。ただし、短時間で軟化しすぎるため、硬さのコントロールが非常に難しくなります。

一方、煮汁に食塩を添加することによっても速く軟らかくすることができます。これは、野菜の細胞間隙にあるペクチンが、カルシウムイオンと架橋結合していると組織強度が大きくなるのに対して、ナトリウムイオンと結合したものは強度が小さくなるからです。

ペクチンにはカルシウムイオンよりナトリウムイオンと結合しやすい性質があり、もともとカルシウムイオンと結合していても、ナトリウムイオンを含む溶液で加熱されるとカルシウムイオンとナトリウムイオンが置き換わります。したがって、カルシウムイオンを中にはさんだペクチンの架橋結合は切れてしまい、組織強度が小さくなるために、速く軟らかくなるのです。

（香西みどり）

36 ジャガイモをゆでるのは水から？　お湯から？

青菜類は熱湯でゆでますが、ジャガイモは水からゆでるのが基本です。熱湯にジャガイモを入れると時間的には速く煮えますが、中まで軟らかくならないうちに周りだけが軟らかくなって、煮くずれが起こるのです。したがって大きく切ったジャガイモは水から入れて、周辺部と中心部の温度差が小さくなるようにします。

このことはジャガイモに限らず、他の根菜やカボチャなど大きく切ったものについても当てはまります。魚の切り身を煮たり、肉団子をゆでたりする場合に、エキスを閉じ込めるために速く周辺部を固めるのとは対照的です。

加熱によるジャガイモの軟化には、おもに細胞同士を接着している物質、ペクチンが関与しています。加熱すると、細胞間を接着しているペクチンが分解（β脱離）し、湯に溶けやすくなって煮汁中へ溶出するため、細胞間の接着力が失われて軟化するのです。

また、ジャガイモの軟化にはデンプンも関与しています。加熱によって細胞内のデンプン粒が糊化すると、細胞が膨れて球形になり、細胞が分離しやすくなって軟化し、消化性がよくなります。熱湯でゆでるとジャガイモが煮くずれするのは、ジャガイモの表層近くの部分はとくにデンプン含量が多く、またペクチン溶出量も多いからなのです。

さらに、pHと加熱温度もジャガイモの軟化に影響します。ジャガイモを加熱中に、たまたま加熱が中断されてゆで汁が約六〇度に保たれるようなことがあると、あとでゆでても軟化しにくくなります。これを、「冠水イモ」とか「ごりイモ」といいます。温水に浸している間に、ペクチンメチルエステラーゼという酵素が働き、ペクチンが分解しにくい構造に変化するのが原因です。

pHの影響については、中性やアルカリ性の場合にはペクチンの分解による軟化が進みますが、少し酸性側のpH四付近ではペクチンの分解が起きにくいため、ジャガイモは硬くなります。食酢を加えて加熱した歯触りのよい「ジャガイモの梨もどき」はこの例です（項目69参照）。さらにpH三以下（実際の調理ではこのようなことはほとんどありませんが）の強い酸性の溶液の中で加熱すると、ペクチンは加水分解という作用で分解されてジャガイモは軟らかくなります。

ちなみに、ジャガイモを牛乳中で加熱したり、味噌汁の中で加熱したりすると煮くずれしにくくなります。牛乳や味噌に含まれるカルシウムがペクチンの鎖の間の橋掛けを増やすので分解しにくくなるからです。一方、食塩水の中で加熱すると、ナトリウムがペクチンの橋掛けをしているカルシウムに置き換わって橋掛けを切るので、水で煮るより速く軟らかくなります（項目35参照）。

（渕上倫子）

解説
3

加熱するときの熱の伝わり方

生野菜やさしみなどの生の状態で食べるものを例外として、食品は加熱してから食べます。加熱方法としては、焼く、炒める、蒸す、オーブンで焼く、電子レンジでの加熱などがあります。加熱すると硬い野菜は軟らかくなって食べやすくなり、デンプンは糊化しておいしくなり、タンパク質は固まり、また、焦げ色がついたり、よい香りがしたりします。さらに、加熱することで微生物を殺菌して食品を安全な状態にすることができます。

食材によって、適切な加熱方法は違います。ダイコンは煮物にしますし、サンマは炭火で焼くとおいしいといわれます。スポンジケーキはオーブンで焼きますし、サツマイモは蒸し器の中で蒸します。電子レンジでご飯を温めることもあります。

このように、加熱にはさまざまな方法があるわけですが、加熱の際の熱の伝わり方は、大きく二つに分けられます。

一つは、高温の分子が低温の分子と衝突して熱が移動する場合です。これには、①熱湯や燃焼ガスなどの高温の流体の分子が低温の固形食品の分子と衝突して熱が移動する（蒸し器の中でイモを蒸したり、鍋で野菜をゆでたりすることに当たります）、②鍋や釜などの高温の固体壁から

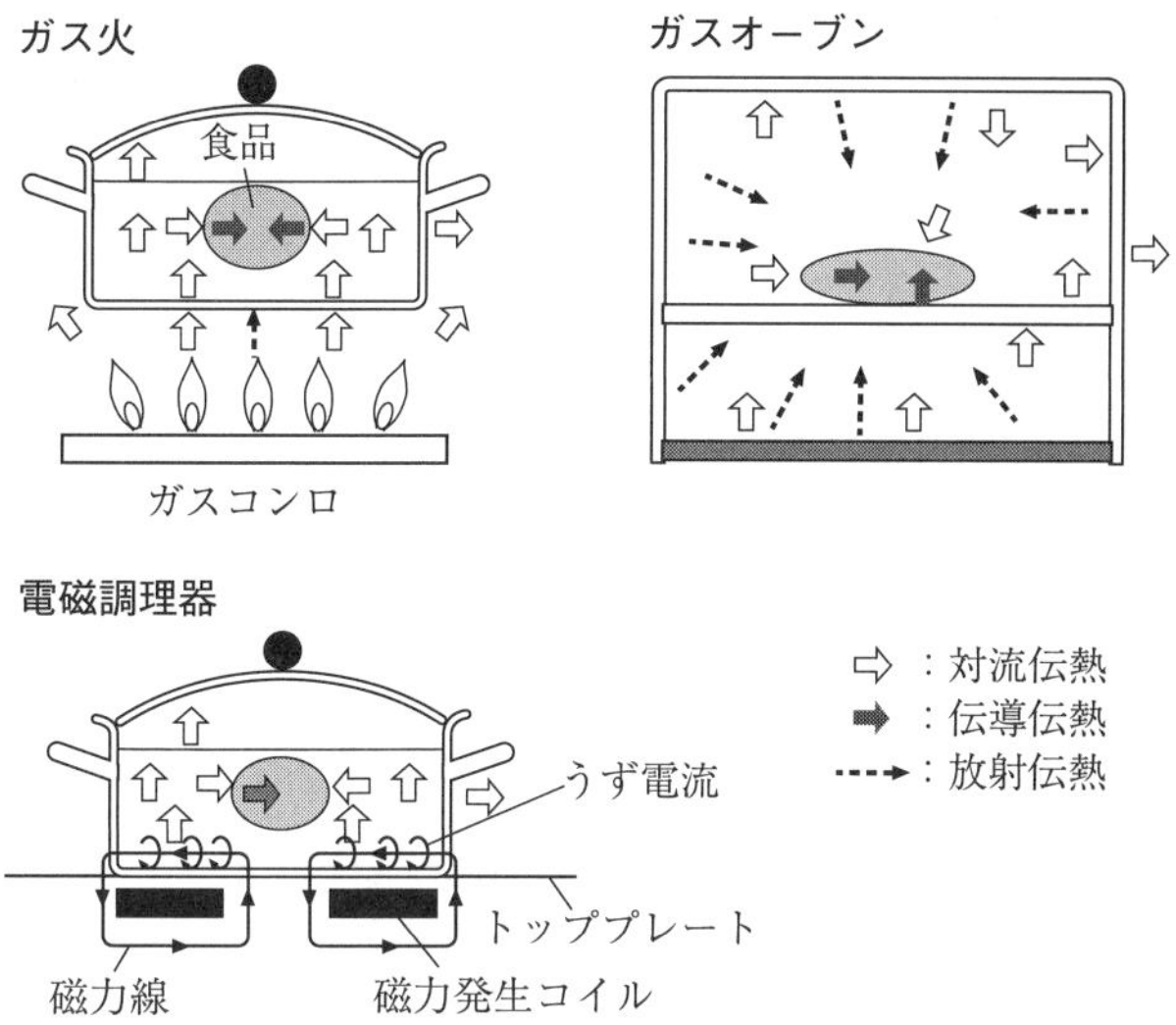

加熱法による熱の伝わり方の違い

低温の水や油分子に熱が移動する（湯を沸かしたり、揚げ物のために油を熱したりすることに当たります）、③固形食品の内部で高温になった食品分子からより低温の食品分子に熱が移動して全体の温度が上がっていく（鍋でゆでているイモの中心まで加熱されることに当たります）、の三つがあります。

①と②は流体が関与する熱移動なので対流伝熱といい、③は隣り合う分子から分子への熱移動なので伝導伝熱といいます。

もう一つの熱の伝わり方は、電磁波のエネルギーが熱エネルギーに変換されて熱が移動する場合です。電磁波の中で熱エネルギーとして利用できるのは赤外線です。赤外線が直接食品に当たると、吸収されて食品の温度が上がります。オーブントースターの波長の大部分や炭火の出す電磁波はその例です。これを放射伝熱といいます。

さらに、現象は同じですが、赤外線よりも波長の長い電磁波であるマイクロ波を発生させて加熱する方法が電子レンジです。マイクロ波が食品の分子に吸収されると、食品内部で電磁波のエネルギーが熱エネルギーに変換されて食品の温度が上がることを利用しています（電子レンジについては項目84、85も参照）。

ここで、ガスコンロの上に水を入れた鍋を置き、その中でジャガイモをゆでる場合を考えてみましょう。ガスコンロから鍋底までは、温められた燃焼ガス（炭酸ガスや水蒸気）による対流伝熱と一部放射伝熱で熱は移動します。鍋底から中の水へは、固体表面と流体の間で対流伝熱による熱の移動が起こります。熱を受け取ると水の分子運動が盛んになり温度が上がります。水の温度が上がるとジャガイモの表面と水の間で対流伝熱により熱は移動します。

ジャガイモの表面からジャガイモの内部へは固体分子同士の玉突きによる熱の移動つまり伝導伝熱により、ジャガイモは中心まで加熱されます。この間に、鍋の側面からの熱放射と周囲の空気への対流伝熱により熱が逃げます（放熱）し、鍋の中の水の表面から空気中へ熱エネルギーを持った水分子が蒸発することでも熱は逃げます。

では、オーブンで肉を焼くときはどうでしょうか。庫内の天パンの上に置かれた肉はオーブンの温められた空気の対流伝熱と高温になった壁面からの放射伝熱、温められた天パンからの伝導伝熱を受けます。肉の表面で受け取った熱は伝導伝熱で肉の内部に伝えられます。

対流伝熱では、分子の衝突する回数が多いほど熱が移動しやすいので、一定の体積の中にある分子の数が多いほど熱が移動しやすいといえます。水は一八ミリリットルの中に6×10^{23}個の分子が含まれ、一方空気は二万二四〇〇ミリリットル（零度、一気圧のとき）の中にほぼ同数の分子が含まれます。ですから、水の方が空気より一〇〇〇倍も熱が移動しやすい、つまり熱いことになります。一〇〇度の水の中に手を入れることはできませんが、一〇〇度のオーブンの中になら手を入れることができるのです。

蒸し器でサツマイモを蒸すときには、鍋の中の水が沸騰して水蒸気で加熱されます。水蒸気がサツマイモの表面に対流伝熱で熱を伝えるのです。水蒸気は、およそ二万二四〇〇ミリリットルに4.4×10^{23}個の分子が含まれますから、衝突の回数から考えるとゆでる場合よりも熱の移動は小さく見えます。しかし、水蒸気は自分の温度より低い食品に当たると蒸発潜熱を与えて水になります。この蒸発潜熱（二・三キロジュール／グラム）が食品に加えられるので、ゆでる場合に比べて熱の移動はかなり大きくなるのです。

魚を焼くとき、熱源がガス火の場合は、ガスの燃焼時に発生する温められた炭酸ガスや水蒸気の対流伝熱で熱が伝えられます。対流伝熱は熱の伝わり方が遅いので、魚の表面が焼けるのに時間がかかり、かつ内部は乾燥が進んで硬くなりがちです。

熱源が炭火なら、ガス火よりも放射伝熱の割合が多いので熱源から直接赤外線が魚に吸収されます。放射伝熱では熱源から（温度＋二七三）度の四乗に比例する熱が放射されますから、炭火の温度が十分高温（通常八〇〇度）なら、表面だけにパリッと焦げ目をつけることができ、内部はジューシーな状態に焼くことができます。炭火の上で串に刺したウナギを焼きながら団扇であおいでいるのは、蒲焼きのにおいを周囲にまいているのかもしれませんが、こうすると空気を送ることで炭火が高温になり、うまく焼けるからです。ガス火に魚焼き用の鉄板をのせ、鉄弓を置いて串に刺した魚を焼くのは、ガス火を放射伝熱に変えるように工夫したものです。

電子レンジによる加熱では熱源はありません。食品にはたいてい水が含まれており、水分子に吸収されやすい波長の二四五〇メガヘルツの電磁波（マイクロ波）を食品に当てると水分子が回転運動を起こします。電磁波が通っている空間の電場のプラス、マイナスは一秒間に二四億五〇〇〇万回変わるので、水分子が電場のプラス、マイナスの向きに合わせて周りの分子の抵抗を排除して回転し、その結果食品の温度が上昇します。

電磁調理器（ＩＨヒーター）もかなり普及してきました。電磁調理器はトッププレートの下に磁力発生コイルがあり、高周波を流すとコイル周辺に磁力が発生します。上に置いた鍋底が磁力を受けると、鍋の磁場を打ち消す向きにうず電流が発生して発熱するしくみです。

電磁調理器で使える鍋は強い磁性をもつ鉄に限られますが、最近ではホウロウやステンレスの一部、セラミックスに鉄を埋め込んだ鍋なども使用できるようになっています。熱の伝わり方は、まず鍋が高温になり、それから対流伝熱、伝導伝熱などで鍋の中の水と食品が加熱されます。

（畑江敬子）

第4章　ご飯と麺類のおいしさ

37 お米は土鍋で炊いた方がおいしいって本当？

お米を「炊く」というのはどういうことか、考えてみましょう。お米の中にいちばん多く含まれているのはデンプンです。人はこのデンプンを生のままでは消化できませんので、米の場合は水を加えて加熱し、ご飯にして食べています。この過程を炊飯と呼んでいます。ご飯のおいしさは、お米が炊飯によってどのような状態に変わったかで決まってきます。加熱の仕方が大きな決め手になっているといってよいでしょう。

炊飯に際し、洗ったお米に水を加えて三〇分から二時間くらい浸けて吸水させておくと、次の加熱操作によるデンプンの変化が順調に進むことになります。

吸水させたら加熱を始め、一〇分ほどかけて沸騰状態にまで温度を上げていくようにします。この間に、デンプンを分解してご飯の甘みを出す酵素も働きはじめます。七〇度あたりからは熱によってデンプンの構造が少しずつゆるみ始めます。このような変化が起こる加熱初期は、ゆっくり温度を上げていくことがポイントで、火力で表現すると「はじめちょろちょろ」ということになります。

沸騰したら、ふきこぼれない程度の強めの火力「なかぱっぱ」で沸騰を継続させ、デンプンの構造をさらにゆるめていきます。これをデンプンの糊化と呼んでいます。糊化とはデンプンを構成している分子を熱でばらばらにし、消化酵素が入りやすい状態に変えることです。このためには九八度以上で二〇分間の加熱が必要と考えられており、釜の中の水分がなくなっても焦げずになお高温状態が続くように火力を調節して、さらに加熱を続けます。

火を消したあとは、蓋を開けずにそのまま一〇～一五分間蒸らしを行いますと、適度な硬さと粘りをもったご飯に炊き上がります。これが炊飯の全工程です。

陶土製の土鍋は、熱伝導性が低く、保温性が高いので、炊飯に向いているといえます。すなわち、鍋に米と水を入れて加熱するときの火力が強くても、熱伝導が悪いため、ゆるやかに温度上昇させることができ、いわゆる「はじめちょろちょろ」の状態を作りやすいのです。

沸騰に至ったあとは保温性が高いため、沸騰状態の継続が容易となり、いわゆる「なかぱっぱ」の状態を楽に維持できます。先に述べたデンプンの糊化が、土鍋の低い熱伝導性と高い保温性によって確実に行われることになり、おいしいご飯に炊き上がることが期待できます。保温効果の高いことを利用して早めに火を消して余熱を利用すると、焦げの心配もなくなります。

炊飯温度が理想的に変化するよう火力の調節ができれば、土鍋で炊いた場合でも最新の自動炊飯器で炊いた場合でも、炊き上がりの状態にそれほど差はなくおいしいご飯が炊けるのです。

（貝沼やす子）

38 炊き上がりのご飯を蒸らすのはなぜ？

ご飯を「蒸らす」とは、火を消したあとも蓋を開けずに、そのまましばらくおくことです。火を消してすぐに鍋の蓋を開けると、熱い蒸気が噴き出してきます。蒸気を出したあとのご飯を食べますと、鍋の縁側はちょうどよい硬さでも、鍋の中心部のご飯はまだ十分水を吸っておらず、芯が残っているように感じます。

そこで蒸らしをしますと、鍋の中の周辺部に多い水分が高温の水蒸気となって、飯粒の細胞の中にまでしっかり吸水され、デンプンは糊化してふっくらと仕上がります。このように蒸らしはとても重要な操作です。

では蒸らし時間はどのくらいがよいでしょうか？　これは鍋の材質、構造、外気温、炊飯量などによって異なります。薄手の鍋は熱が逃げやすく、ご飯の温度が下がりやすいため、蒸らし時間は短めにします。いずれの鍋でも、鍋の周辺部の温度が下がらないうちにご飯を混ぜ合わせることで、ご飯の温度にムラがなくなるのです。実験では、鍋の中の空間が八七度前後のときに蒸らしを終えると、水蒸気の量も消火時の約半分となり、その間に、ご飯の水分の少ないところと多いところの差が少なくなり、均一な状態が得られるということがわかっています。

一般に、一〇～一五分くらいが蒸らし時間の目安です。さらに時間が経つと、温度が下がることによって余分な水分が鍋の縁に付着するのが見られるようになります。また、飯粒がお互いに接着して粘りが出るため、かき混ぜにくくなります。

このように、蒸らし時間は短すぎても長すぎてもいけません。自分の鍋でちょうどよい時間を一度計っておくとよいでしょう。そうすれば、炊き上がったご飯をかき混ぜる、適切なタイミングを知ることができます。

蒸らしが終わったら、余分な水滴がご飯に落ちないうちに、すぐに鍋の底や縁から近い部分の少し固まったところからほぐすように混ぜ、中心部に持ってきます。さらに、団子のように固まらないように、ご飯の一粒一粒がパラパラになるように、ご飯をしゃもじで軽くほぐす必要があります。さっくりと、粘りが出ないように混ぜるのがコツです。

混ぜたあとは、乾いた布巾をかけて蓋をして、余分な水蒸気を吸着させるか、おひつに移します。おひつは白木製のものが余分な水蒸気を吸収し、戻り水を防いで、ご飯のテクスチャーをよく保つことができるでしょう。

自動炊飯器はどんどん進歩していますが、最後の蒸らしが終わったあとのかき混ぜだけは、現在でも人の手が必要な仕上げ操作です。

（近雅代）

39 強飯はどうして炊かずに蒸すの？

強飯《こわめし》という呼び方は、昔もち米を蒸したものを強飯《こわいい》といったことからきており、現在ではおこわ（お強）という呼び方が一般的です。現在のうるち米を炊いた白飯は、昔はお姫様が食べる軟らかいご飯を意味する姫飯《ひめいい》といわれていました。確かに、もち米ではもとの重量の一・六〜一・九倍にできあがったご飯が好まれており、うるち米の二・二〜二・三倍に比べて水分量が少なく、硬いことからも、おこわという名前がついたのでしょう。

一般に「もち米は蒸し、うるち米は炊く」のはなぜでしょう？　もし、もち米をうるち米のように炊くとすると、加える水は仕上がり状態から見積もって米の重量の〇・七〜一・〇倍くらいになりますが、これでは吸水させているうちに水面より上に米が出てしまいます。このことを「米がおかに上がる」といいます。この状態で炊くと水がうまく対流せず、熱が均一にまわりません。また、もち米はうるち米より低温、短時間で粘りが出るので焦げやすくなります。したがって、十分吸水したもち米は炊かずに蒸す方法がとられています。

しかし、最初に吸水した水の量だけでは、蒸し上がると芯がなく糊化しているものの、非常に硬い食感になります。そこで途中で水の補給をする必要があります。これを「振り水」あるいは「打ち水」といい、蒸している間に好みの硬さになるまで一～三回平均にかけます。加える水が多いと軟らかくなります。振り水を二パーセントくらいの食塩水にすると、ほどよい塩味がつくと同時に少し軟らかく仕上がります。蒸し時間は通常四〇～五〇分間です。

このようにもち米とうるち米の炊き方が異なるのは、含まれるデンプンの性質が異なるからです。もち米のデンプンはすべてアミロペクチンで、これは吸水しやすく粘りを出す性質を持っています。二～三時間浸水している間にもち米は米重量の四〇パーセントぐらい吸水します。うるち米では二五パーセントぐらいしか吸水しません。うるち米は、アミロペクチンが八〇パーセントで残りがアミロースであるため、もち米より吸水しにくく、粘りも少ないのです。

しかし、じつはもち米を炊くこともできます。もち米の一五～二〇パーセントをうるち米に置き換えることで、加える水の量を多くすることができ炊きやすくなります。加える水の量は、もち米重量の一・〇倍にうるち米重量の一・五倍を足した量です。もち米だけを少量炊く場合は、米と同量の水を沸騰させた中に、洗っただけで吸水させていないもち米を入れて炊く「湯炊き」をします。

山菜類を加え醤油味で仕上げた山菜おこわ、クリを加え塩味で仕上げた栗おこわが季節のおこわとしてありますが、一般にはゆでた小豆やささげのゆで汁で米に赤い色をつけ、小豆やささげを一緒に蒸した赤飯をおこわといいます。おもにお祝いに使われます。

（近雅代）

40 すし飯をおいしく仕上げるには?

日本を代表する料理のひとつである「すし」は、低脂肪高タンパク質のヘルシーな料理として、世界中に知られています。南北に長い日本では、山深いところでは山の幸を、海に近いところでは海の幸を盛り込んだ、郷土色豊かなすしが作られてきました。

すしは具によってさまざまなバリエーションがありますが、いずれもすし飯が土台となります。すし飯は、硬めに炊き上げた白飯に合わせ酢をかけて、混ぜ合わせて酢味をつけたものです。酢をかけたご飯は、酸性で細菌の繁殖が白飯よりも抑えられるので、保存性が高く、古い時代から携帯食とされていました。

おいしいすし飯を作るには、おいしいご飯を炊くことが必須条件といえます。水加減は、あとでご飯にかける合わせ酢の量だけ水を少なくして、米重量の一・二〜一・三倍とするのがコツです。また、炊飯器で炊く場合は、蒸らし時間は通常より五分程度短くします。

ところで、なぜ硬く炊いておいて、あとで調味酢をかけるのでしょうか？　米を炊くときに酢を入れて炊くと、酵素の働きでご飯が軟らかくなってしまいます。また、昔は鉄のお釜でご飯を炊いていましたから、酢を入れた水ではお釜の質を損ねたということもあるでしょう。今は釜にフッ素樹脂を使った自動炊飯器で炊けますが、酢の中の酢酸が蒸発してきますので、柑橘《かんきつ》類の搾り汁を用いて香りのよいすし飯を作るなど、特別な場合以外は炊き込みません。

合わせ酢の分量は米容量に対し酢一〇パーセント、砂糖は酢に対し一五～四〇パーセント、塩は一二～一五パーセントの割合にします。砂糖の量は、ちらしずしや巻きずしなど煮物の具を使うものでは多めに、江戸前にぎりのように生魚を使う場合は少なめにします。合わせ酢は、かける直前に合わせたのでは塩や砂糖がよく溶けないので、早めに混ぜておくか、小鍋で温めておきます。

ご飯が炊き上がったら、ただちに器にあけて、熱いうちに合わせ酢を平均にかけます。ご飯が熱いとかけた調味酢は飯粒に吸収されやすいのですが、冷えてくるとベシャッとしてしまうのです。器は半切り（盤台、すし桶）など、木製の径の大きいものを使います。調味酢をかけたらそっと一～二分間蒸らし、しゃもじを縦に使ってご飯を切るようにほぐしながら混ぜます。

このとき、団扇であおぐか扇風機で風を当てて急速に飯粒表面の水分をとばすことにより、つやのあるすし飯ができます。かき混ぜすぎると飯粒がつぶれ、粘り気も出ますので、ご飯につやが出て人肌まで冷めたら濡れ布巾をかけておきましょう。

（綾部園子）

コラム

江戸時代と今の握りずし

日本食といえば、誰もがおすしを思い浮かべることでしょう。今ではアメリカ、ヨーロッパ、アジアなど、世界各地で人気の日本食として食されています。

ところで、江戸時代の握りずしは現在と何が違ったのでしょうか。現在の握りずしの原型は、文政年間に華屋與兵衛が考案したという説が有力です。華屋與兵衛が試行錯誤の末に粕酢（酒粕で作った酢）と出会い、現在の江戸前ずしがこの世に誕生したといわれています。

当時の合わせ酢は酢と塩だけだったので、粕酢の持つ独特の風味が握りずしに最適でした。塩分は現在の３倍程度使われており、非常に塩味の強いすし飯だったそうです。

また、当時の握りずしは非常に大きく、現在の約2.5倍（約45 g）の大きさがありました。この大きな握りずしを、江戸時代の人々は屋台でつまんで食べていたそうです。すしネタには、現在のような生ネタはなく、漬けたり、締めたり、煮たりするなど、いわゆる下仕事がなされていました。

屋台では、今のように握りたてのものを出すのではなく、握ったものが屋台に並べて売られていました。すし飯にのりやエビやそぼろなどの食材を混ぜ込んだものもあったようです。

現在、当時の江戸前ずしを復刻したものを、酢で有名なミツカン創業の地である愛知県半田市付近で食べることができます。

（赤野裕文）

41 ピラフと炒飯はどう違うの?

洋食ならピラフ、中華なら炒飯《チャーハン》、と思っている人も多いようですが、じつは、ピラフは米を油脂で炒めてからスープで炊く料理であり、炒飯は炊いたご飯を油で炒める料理です。

ピラフは、トルコ語のpilavやフランス語pilafを語源とし、インドから中近東を経て南欧ギリシアまで広く食されている料理で、おもに肉料理などの付け合わせとして食べられます。米のみのもの(バターライス)や、さまざまな具材を炊き込んだものがあり、トルコではトマトを入れたトマト入りピラフ、松の実やレバーなどを入れ香辛料をきかせたオリエンタルピラフなどがあります。また、イタリアでは、イカや貝を入れたイタリア風ピラフなどもあります。

米は、洗ったあとざるに上げてよく水を切り、パラパラの状態にしておくと炒めやすくなります。外国では、米は洗わずに使うことが多く、肉や野菜を炒めたら、米をそのまま加えて炒め、具材とともに食塩を加えたスープストックで炊きます。炒めることにより米はやや透明になって、炊くと粘りが少ないご飯になります。

また、米の周りに油脂が付き、粘りが出にくくなるとともに熱くなっているので、吸水が速くなります。ピラフは硬めに炊き上げたものが好まれるので、水加減は米重量の一・二〜一・三倍くらいと少なめにします。

ほかに、米を熱湯の中で一〇分間くらいゆでてから粘り成分を含んだ湯を捨て、半煮えの米をバターでゆっくりと時間をかけて炒める方法もあります。この場合は、中心に少し芯が残っているが、食べられるくらいの硬さにします。ヨーロッパなど、米を日本のように炊くという習慣がないところでは、このように米をゆでてから炒めて糊化させるという、野菜としての扱いをするのです。

スペインのパエリアもピラフと同じように、野菜、魚介類や肉類を炒め、米を粘らないようにそのまま炒めてサフラン入りのスープストックで煮たり、オーブンで加熱したりして仕上げます。また、イタリアのリゾットはもう少し水分が多いものですが、米を炒めて、エビ、貝類、イカなどとともにスープで煮ます。

一方、炒飯は、硬めに炊いたご飯と数種の具材とを油脂（ラードなど）で炒めたものです。ご飯は米より粘りが強いので、ご飯を炒める場合は油脂量を多く（ご飯の七〜一〇パーセント）します。炒飯は中国料理の点心（小食という軽い食事。穀類を主とした日本の主食からデザートまでに相当する）であり、類似の料理は東アジアと東南アジアで広く見受けられます。さまざまにアレンジできるので、日本でも慣れ親しんだ料理になっています。

炒飯には、普通は冷飯を使います。炊飯により米のデンプンを糊化（α化）した飯は軟らかいのですが、冷所に放置するとデンプンが老化（β化）して硬くパラパラの飯になるため、冷飯の方が炒めるときに油脂が平均的に飯粒につきやすいのです。油で炒めることによりβデンプンは再びαデンプンにもどるので、軟らかくおいしくなるというわけです。

炊いたばかりのご飯はおねばが周りにあるので、油で炒めるときにおねばに油がついてしまい、飯粒に平均的につきません。温かいご飯を炒めるときは、硬く炊いてさらに油を多めにします。炒飯はもともと、冷たいご飯を温めておいしくする料理だったのかもしれません。

炒めるために使う油脂量は、ピラフの場合、米一〇〇グラムに対して約七グラムです。炊き上げると二〇〇グラムくらいの硬めのピラフになります。一方、炒飯を作るときは、一〇〇グラムの米を硬めのご飯にすると二〇〇グラムに炊き上がり、これを炒めるにはその七～一〇パーセントすなわち一四～二〇グラムの油脂が必要です。どちらがおいしいかは好き好きのようですが、油脂の量には大きな差があることになります。

ちなみに、ピラフも炒飯も箸では食べませんね。日本のご飯は箸で食べ、おにぎりにしたり、すしにしたりします。粘りが強い米の種類、ジャポニカでないとこのような食べ方はできないのです。つまり、ピラフや炒飯にする米は、インディカで粘りが少ない品種が向いているということになります。

（長野宏子）

42 うどんのコシはどうしたら出るの?

うどんの食味あるいはおいしさは大部分が「コシ」、「ツルツル感」という食感を表す言葉で表現されます。うどんは、小麦粉に食塩水を加えて練り、この生地を放置（寝かし）したあと、伸ばし、ひも状に線切りにして作られます。これが生うどんで、ゆでて食べます。

うどんは、材料が小麦粉と食塩のみで、作る工程も単純です。しかし、コシのあるおいしいうどんができる一方で、軟らかくてコシのないうどんとなることもあります。

では、うどんのコシを決めているのは何でしょうか。それは小麦粉の成分とその性質にあります。小麦粉は他の穀類と異なり、水を加えて練ると特有の粘弾性（弾性と粘性をあわせ持つ性質）を発現する、水に不溶なタンパク質であるグルテンを含んでいます。このグルテンの量と質、さらに組織状態によって麺生地の強さが変わり、うどんのコシも変わってきます。

小麦粉は生地の強度によって分類され、強力粉、準強力粉、中力粉、薄力粉の順に強度が弱くなります。うどん用には中力粉を用います。中力粉は生地の伸び性が大きく、ゆでると表面はなめらかで軟らかく中心部はしっかりと硬いコシのある麺になります。

麺生地に添加した食塩はグルテンを凝集させ、生地の粘弾性を高めるとともに伸長性を大きくします。さらに加水量と食塩量は、写真に示したように麺の組織構造に影響します。加水量の多い方（B）が少ない方（A）よりグルテンが均一な連続相を形成します。また、食塩を添加（A2、B2）した方が、グルテンはより長く伸びます。

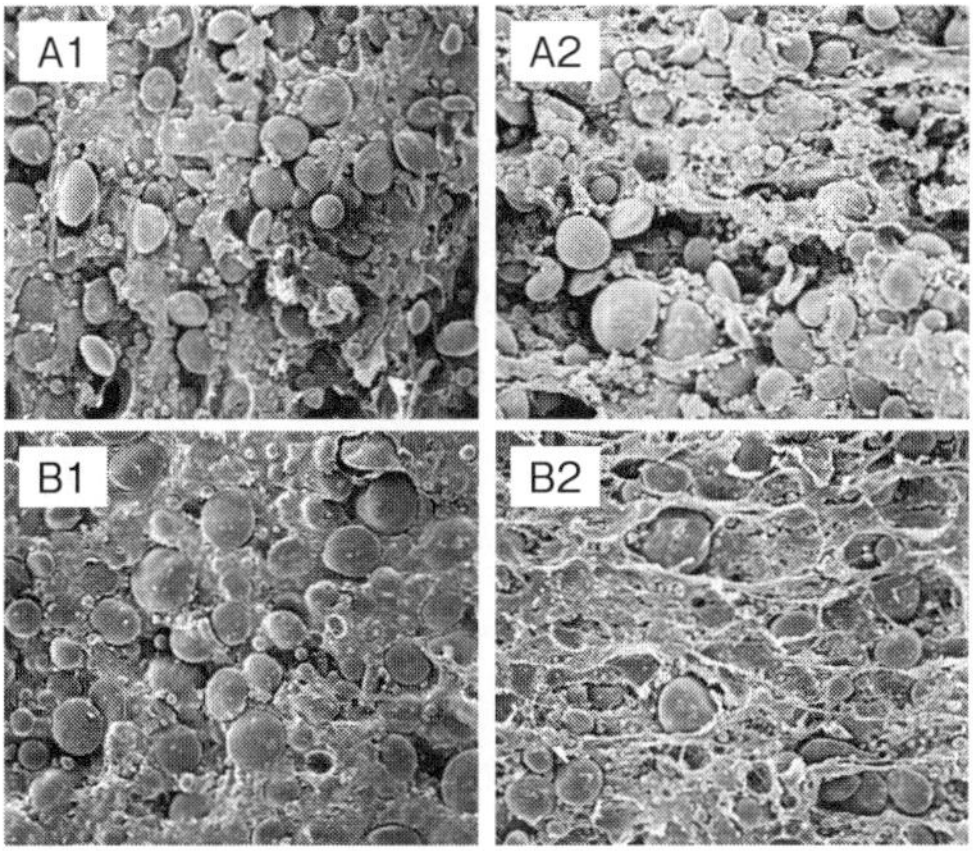

生麺の表面構造

粒状のものが小麦デンプン。デンプンを膜状あるいは繊維状化して覆っているのがグルテン。

A：加水量35%／A1：食塩0%、A2：食塩4%
B：加水量45%／B1：食塩0%、B2：食塩4%

「化学と工業」(2007) より作成

うどん生地では、デンプンが繊維状や膜状のグルテンで囲まれており、ゆでると表面のデンプンは糊化して軟らかくなめらかな食感になりますが、軟らかいだけでなくコシのあるうどんにするには、生地のグルテンが強くて均一であるほどよいのです。中力粉は、このバランスのいい粉といえます。

（三木英三）

43 流しそうめんがあるのに流しうどんがないのはなぜ？

夏になると暑くて食欲が減退しますが、そのようなときに頭に浮かぶ食物の一つにそうめんがあります。暑い夏には、とくに冷水中を流れるそうめんを箸ですくって食べる流しそうめんは涼味をいっそう高めます。夏に川のせせらぎの音を聞きながら、というように自然の中で食べるのがおすすめです。

また、うどんも一年を通して食べられますが、夏はざるうどんや冷やしぶっかけうどんがよく食べられます。

ところで、流しそうめんはあるのに流しうどんがないのはなぜでしょうか。

まずはそうめんの二種類の製造法をみておきましょう。一つは機械製麺で、切歯と呼ばれる溝のあるロール間に生地を通過させて麺線にしたものです。もう一つが手延べ製麺です。小麦粉に食塩と水を加えて練った生地を渦巻き状に切り、これを延ばしと寝かし工程を繰り返して細くし、途中で植物油をそうめんの周りに塗って、撚《よ》りを加えてさおに掛け、乾燥して作られます。

そうめん以外の乾麺として、平めん、うどん、冷や麦があり、その違いは太さによります。麺の幅が、平めんは四・五ミリ以上、うどんは一・三〜三・八ミリ、冷や麦は一・三〜一・七ミリ、そうめんは一・三ミリ未満です。乾麺をゆでると、いずれも太くなります。

そうめんは細くて、流水に流したときに自由に屈曲しやすいので、もし固まりとなっても水圧を受けるとそこで容易に変形して固まりがほぐれます。したがって、樋に詰まることが少ないのです。また、屈曲しやすいので箸ですくいやすいといえます。一方、うどんは太いのでそうめんに比べて変形しにくく、樋の途中で留まって詰まりが生じることが考えられます。

一般的に、物質は温度が低下すると弾性率と粘度が高くなります。この現象はうどんやそうめんについても当てはまります。すなわち、ゆで直後の湯中にある麺は弾性率と粘度が小さいので、軟らかくて箸ですくうと垂れ下がり、食べても軟らかいのです。しかし、水洗いして麺の温度が下がると硬くなり、より「コシ」が強くなります。また、麺類はゆでたあとの放置時間とともに糊化デンプンは老化し、弾性率と粘度が高くなり、曲がりやすさが低下します。

このような温度と時間による物性の変化は、そうめんの方がうどんよりも小さいので、水中で動く麺を箸ですくおうとすると、あまり硬くならないそうめんの方が硬くなるうどんよりもすくいやすいのです。

もし流しうどんを計画するならば、ゆで直後のうどんに限ります。そして、できれば冬場に大量の湯を流して温度をできるだけ下げないようにし、うどんが自由に変形できるようにしてやれば留まりにくいし、箸ですくいやすいと思います。

（三木英三）

44 スパゲッティをゆでるときに塩を入れるのはなぜ?

スパゲッティは、我が国でもポピュラーなパスタ（イタリア料理で使われる、小麦粉を加工した食品全般）の一種で、料理のほか、付け合わせやサラダなどに利用されています。

スパゲッティは主としてデュラム小麦のセモリナ（粗びき）を原料とし、水を加えてこねた生地を真空で脱気して高圧をかけ、棒状にする型から押し出し成形したものです。脱気してあるので、乾燥したものは透明感がある淡黄色で、同じ麺類でも気泡を含んでいるうどんよりも組織が密になっています。したがって同じ太さなら、ゆで時間は長くすることが必要です。小麦粉に塩を加えて作られるうどんとは違い、スパゲッティには塩が入っていません。

スパゲッティのおいしさは、食感によって大きく影響されるため、アルデンテ（中心にわずかに芯が残り、歯ごたえのある状態）にゆでるのがコツといわれます。

スパゲッティにする粉には、タンパク質が約一二パーセント含まれます。これはうどんに使われる中力粉の八〜一〇パーセントよりも多く、このタンパク質が加熱によって変性して固まり、スパゲッティの硬さを担っています。一方、デンプンは水を吸って糊化し、モチモチした食感を与えます。ゆでることでこれらの硬さとモチモチ感があいまって、コシのある状態を作り出すのです。

一般に、スパゲッティはその重量の一〇倍の水を沸騰させ、湯の約一パーセントの塩を加えてゆでます。塩を加えるのは、スパゲッティに塩味をつけるためであると同時に、小麦粉中にわずかに存在するグルコース、アミノ酸、無機質などと一緒になっておいしさを強く感じさせる要因になるためと考えられます。

また、湯の量が少ないとスパゲッティを入れた瞬間に湯の温度が下がり、ゆで時間が長くなって、ゆで湯に粘りが出てしまいます。すると湯がうまく対流しなくなり、湯の温度が均一にならないのでゆで具合にムラが出ます。

スパゲッティをゆでたときに、中心部に少し芯が残っているアルデンテの状態にすると、噛んだときに中心にいくほど硬さが増し、これがスパゲッティ独特のコシのある歯ごたえになっています。最適なゆで時間をわずか三〇秒過ぎただけでも、中心まで水分がしみ込み、芯が細くなっていきます。また、スパゲッティはゆであがっても水にとらないので、そのまま置いておくうちに芯が次第になくなり、軟らかくなって伸びてしまいます。

したがって、製品に表示されたゆで時間を基準にし、ソースで和える、味つけをする、オーブンで焼くなど加熱して仕上げる場合は少し短めにゆでるのがよいでしょう。

（下坂智恵）

私どもの研究では、餅の形、鶏・かつお削り節・シイタケ・ゴボウ・かまぼこの有無で全国のお雑煮が８つのパターンに分類できました。（綾部園子）

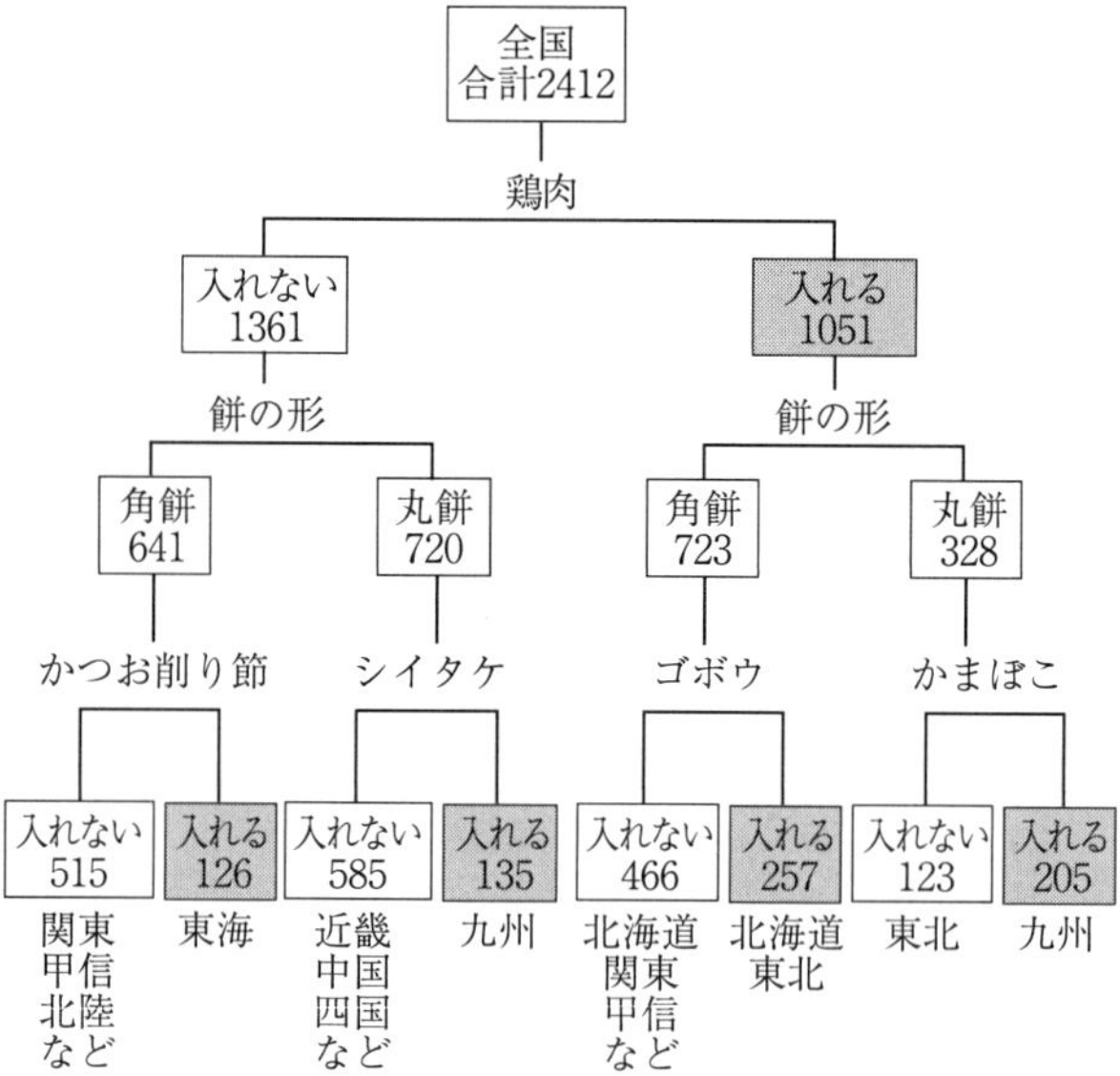

雑煮の分類

コラム

あなたが食べているお雑煮はどれ？

お雑煮を正月に食べる習慣は、江戸時代初期には広まっていたと考えられています。各地域の特産品や珍品あるいは入手しやすい材料を使い、地域ごとに特徴のあるお雑煮が作られてきました。お雑煮はそれぞれの家庭で代々伝承されていることが多く、どのようなお雑煮を食べているかを聞けば、おおよそ出身地の見当がつきます。

2002 年のお正月に雑煮を食べたか、また雑煮の味付けと具材を北海道から沖縄まで全国の大学生 2633 人にアンケートを行いました。その結果、90%以上が雑煮を食べていました。また、餅の形、餅の加熱方法、だしの材料、汁の味付けや具材などには地域ごとの特徴が色濃く残っていました。

たとえば角餅の雑煮は東日本に多く、丸餅のものは西日本に多く分布します。ただし、山形県庄内地方では丸餅が、高知県と鹿児島県では角餅が多く、これは、江戸時代の藩主や通商の影響があるといわれています。味付けは全国的には醬油が多数派なのですが、近畿および香川と徳島では味噌仕立てです。

具材では、ニンジン、ダイコン、鶏肉、かまぼこなどは全国的に多く用いられていて、紅白の彩りに正月を祝う気持ちが窺えます。その一方で地域性のある独特の具材があり、豆モヤシは鹿児島、宮崎で、カツオ菜は佐賀、福岡で、サケとイクラは新潟で、ブリは福岡、岡山で多く用いられていました。ブリには出世、イクラには多産、カツオ菜には勝運などの願いを込めて、今なお各地域で根強く使われています。

また、鳥取県では雑煮といえば小豆雑煮（ぜんざい）をさします。なんと香川県ではあんの入った餅に白味噌仕立てです。

コラム

ラーメンとうどんの違い

ラーメンとうどんは、どちらも中力粉から作られますが、できあがった麺はかなり違います。この違いはどこからくるのでしょうか？

うどんは小麦粉（中力粉）に粉重量の約3%の食塩と35～40%前後の水を加えてよくこねて線状にした麺です。これを乾燥したものが干しうどん（または乾麺）です。

ラーメン（中華麺）は中力粉に“鹹水《かんすい》”というアルカリ性の溶液（一般には炭酸カリウム、炭酸ナトリウム、リン酸二水素ナトリウムなどの混合物を水に溶いたもの）を加えて作られます。小麦粉はフラボノイド色素を含むので、アルカリ性の水を用いることで、麺は黄色に発色します。作り方はうどんと同様ですが、麺に特殊な方法でひだをつけてゆで麺としたものが多くみられます。

鹹水でこねた生地ではグルテンができやすく、そのグルテンが薄く均一に広がってデンプンを包み込みます。そのためにデンプンがゆで操作中に吸水しにくく、これがうどんとは異なった歯ごたえと硬さ、特有の風味の原因と考えられています。硬いので、うどんより細くしています。

即席中華麺（インスタントラーメン）として市販されている中華麺は、いったん生麺を蒸したあと、調味料を噴霧して浸透させ、さらに油で揚げてデンプンを消化されやすい形のまま乾燥したもので、水分は3～10%になっています。熱湯で即席的に復元できるので、今では世界中でいろいろな形で食べられています。

（市川朝子）

第5章　肉・魚・卵料理のコツ

45 ビーフステーキは焼き加減によって味がどう変わるの？

牛肉の料理といえば、すき焼き、しゃぶしゃぶ、ハンバーグそしてやはりビーフステーキです。ステーキは厚切りの牛肉を塩、胡椒というシンプルな下味だけで焼く手法なので、焼き加減と肉の良し悪し（肉の熟成度や部位）が食味に直接反映します。肉の焼き加減にはレア、ミディアム、ウェルダンがあり、肉のタンパク質の変性の度合いにより区別されます。それぞれに、肉の食感や風味、ジューシーさが違います。

ステーキに適する部位は一等肉で肉質が軟らかく、脂肪が霜降り状になりやすいリブロース（肩から背中央についている肉）、サーロイン（背中央からももの間の肉）、または脂肪がほとんどなく赤身で軟らかいヒレ（テンダーロイン、腹側の内部にあって細長い肉）などです。肉は、信頼のおける目利きの肉屋さんに、ステーキ用と伝えて選んでもらうとよいでしょう。

まず、肉は早めに冷蔵庫から出して室温前後に戻し、筋切りしておきます。調味の塩は焼く直前に軽くし、粒胡椒を挽きながらふり、手のひらで軽く押さえます。強火で十分熱したフライパンなどに好みの油（バター、サラダ油など）を熱して最初は強火で三〇秒焼き、おいしそうな焼き色をつけます。肉の表面が高温で熱凝固し、含有成分が加熱により融合して香ばしい焦げの風味を形成します。好みにより火加減を調整しながらさらに数十秒から二〜三分焼き、強火に戻して裏返し、同様に焼きます。熱を全体に回すようフライパンを時々前後にゆすります。

肉のタンパク質は内部温度が四〇度を超えると保水性が低下し始めます。五〇度付近では筋原線維タンパク質が変性して短縮し、六〇度くらいでゲル状のタンパク質である筋形質タンパク質も固まり始め、肉を取り出すまでその変化が進んでいきます。

レアは肉の表面を軽く焼くだけなので、内部温度は五五〜六五度程度、外側は褐色で内側は鮮赤色をした生肉であり、肉汁がやや多く香ばしい焦げの風味があります。ミディアムは肉の外側の色はレアと変わりませんが、内部の温度は六五〜七〇度で、色はピンク色です。肉質は噛みごたえはありますが、筋形質タンパク質が完全には凝固していないので軟らかく、噛むと肉汁が多くじわっと流れ出し、うま味を強く感じます。ウェルダンは、内部温度を七〇〜八〇度にしたものので、肉の表面は焼き色がつき、内部は完全に加熱され、灰褐色系です。肉が収縮して硬めで、肉汁は透明で少なく、アツアツの時は肉の脂肪も溶解して濃厚感をもたらします。

三種の焼き方には、それぞれのおいしさがあります。つまり、どの焼き加減がおいしいかを一概に決めることは難しいのです。ときには、食べ慣れた焼き加減とは別のものを試してみてもよいでしょう。ステーキは、焼き上がったあと心持ち時間をおいてナイフを入れると、おいしい肉汁を逃さず堪能できます。

（安原安代）

46 ハンバーグをジューシーに仕上げるコツは？

ハンバーグは挽き肉を成形したものなので、焼き上げてもくずれないようにするためには、塩を加えて挽き肉をしっかりと練らなければなりません。挽き肉のタンパク質（筋原線維タンパク質：おもにミオシンとアクチン）は塩を加えると溶け出し、練ることによって溶け出たタンパク質同士が混ざりあい、ひも状のアクトミオシンに変化します。さらに、これらがつながって網目構造をつくり、粘りのある生地になるのです。

これを加熱すると、この網目状のタンパク質は変性してさらに強い結合を作りしっかりと固まります。つまり、接着力が強くなるのです。しかし、これだけでは硬くなりすぎ、ジューシーにはなりません。

ジューシーに仕上げるには二つのコツがあります。一つ目は、練った挽き肉に、みじん切りにしてよく炒めたタマネギや牛乳に浸したパン粉などの副材料を入れることです。副材料の周辺ではタンパク質の強い結合ができにくくなり、焼き上げたときに適度にもろさが出て、ソフトな食感のハンバーグになります。パン粉などに肉汁がしみ込んでジューシーに仕上がるのです。また、卵は挽き肉と副材料をつなぐ働きがありますので、卵を入れるとまとまりのよいハンバーグになります。とくに、副材料の多いハンバーグには役立ちます。

二つ目は、挽き肉をしっかり練る部分と練らない部分に分けて使うことです。練らない挽き肉は、肉のうま味を残している点と焼いても硬くなりにくいという点ではよいのですが、接着力が弱いためバラバラになりやすく、焼いているうちにおいしい肉汁が流れ出てしまいます。そこで、しっかり練ってペースト状になったもので、副材料などを入れたあまり練らない挽き肉を包み込むように成形して焼けば、表面が壁のような働きをして、水分やうま味のある肉汁を閉じ込めることができますので、ジューシーなハンバーグに仕上がります。

赤身の肉の方が、筋原線維タンパク質が多くペースト状になりやすいので、練る部分にはおすすめです。また、練らない部分に刻んだ薄切りの肉やステーキ用の肉を小さいさいの目にして入れると、肉のおいしさを生かした〝ハンバーグステーキ〟ができます。これは、料理のプロもすすめる方法ですのでお試しください。

そして、焼き方も大切です。生地の大きさにもよりますが、フライパンにサラダ油を入れて加熱し、形を作った生地を入れて中火で焼きます。下の面が固まったら蓋をして火を弱め、さらに焼きます。肉の色が変わったら裏返しにして表面が乾かないように油を差し、再び蓋をして焼き上げます。竹串を刺して、中から澄んだ肉汁が出てくれば完成です。

（的場輝佳）

47

豚肉の生姜焼きが軟らかくておいしいのはなぜ？

生姜焼きは、ショウガ汁の入った調味液に豚肉を漬けておいてから焼いたものです。こうすると硬めの肉でも軟らかくなり、おいしくなるといわれています。

ショウガにはショウガプロテアーゼというタンパク質分解酵素（プロテアーゼ）が含まれていて、これが肉のタンパク質を部分的に切断するので、肉は軟らかくなるのです。タンパク質が切れるとペプチドやアミノ酸類が増加してきますが、これらの中にはうま味を持つものがあるので、できあがった生姜焼きは軟らかくなるうえに、うま味も強くなります。

また、ショウガには、香りの成分であるジンギベレン、ジンギベロールなどが含まれており、このさわやかな香りが肉の動物臭を打ち消します。さらに醬油、砂糖、酒などの調味料に漬けておいて肉を加熱したときには、肉のアミノ酸類と調味料の糖類とが反応してアミノカルボニル反応を起こしますので、香ばしい加熱香気とおいしそうな焼き色が付加されてきます。

味のうえでは、ショウガの辛味成分であるジンゲロンとショウガオールが肉に辛味を添え、さらにこれらは油っこさをさっぱり感じさせるので、豚肉の生姜焼きはいっそうおいしくなるというわけです。

タンパク質分解酵素は、ショウガ以外に、梨、パイナップル、その他いくつかの果物に含まれています。たとえば、パイナップルにはブロメリン（またはブロメライン）が、キウイフルーツにはアクチニジン（またはアクチニダイン）が、パパイアにはパパインが、いちじくにはフィシンが、プリンスメロンにはククミシンなどが含まれています。

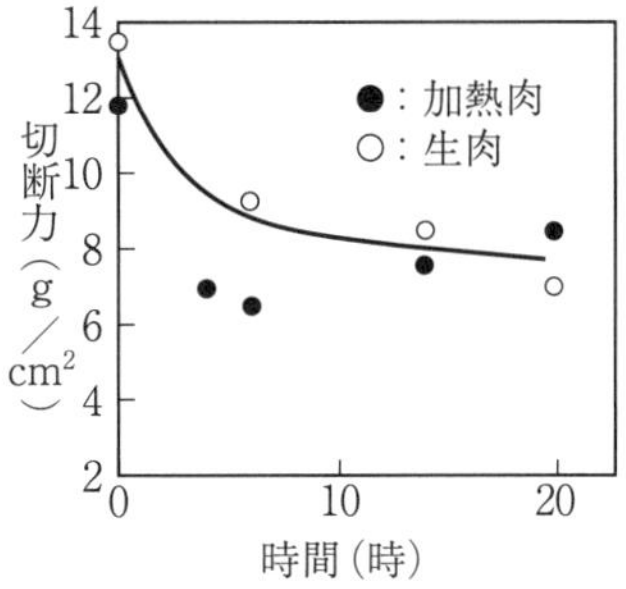

キウイフルーツのタンパク質分解酵素による、牛もも肉の硬さの変化

鮫島 他「日本食品工業学会誌」（1991）より作成

これらの果物のすり下ろしを入れた調味液に前処理として漬けておいたり、そのままの状態で一緒に調理したり、添えたりすることで、肉は軟らかくなります。たとえば、韓国の焼き肉では、肉を漬けておく調味液にすり下ろした梨を加えています。また、ハワイアンポークは、豚肉にパイナップルを重ねて、しばらくおいてから焼くものです。

ただし、これらのタンパク質分解酵素を含む果物は、必ず生でないと意味がありません。タンパク質分解酵素自体がタンパク質なので、加熱すると活性を失って、酵素としての働きをしなくなってしまうからです。

（今井悦子）

48 おいしい鶏の唐揚げを作るコツは？

唐揚げは、下味をつけた魚肉や鶏肉の表面に粉（デンプン類）をつけて揚げる方法です。デンプンをつけることで材料表面からのうま味成分が溶出しにくくなり、うま味を逃しません。デンプンとしては一般に片栗粉が用いられますが、コーンスターチを使うこともできます。

鶏肉は骨付きもも肉を用意し、四センチメートルくらいのぶつ切りにして、少量の食塩と醤油（塩味で〇・八パーセントくらい）、清酒やショウガの絞り汁を混ぜた中に入れて調味料をもみ込むようにして下味をつけます。このとき、鶏肉にフォークで穴をあけておくと味がしみ込みやすくなり、また食べやすくなります。浸漬時間は一〇～三〇分間くらいです。ときどき混ぜて、味を均等につけます。

揚げ油（油の深さ四～五センチメートルは必要）は一五〇～一六〇度に熱し、鶏肉のまわりにデンプンをつけ、余分なデンプンをはたき落としたら、鶏肉を油に入れて五～七分間揚げます。揚げ材料を入れる量は鍋に入れた油表面の二分の一以下に抑え、一度にたくさん入れすぎないことです。揚げ材料を入れすぎると油の温度が低くなり、温度の回復に時間がかかって〝からっ〟

と揚がりにくくなるからです。肉が縮んで骨が多少肉からはみ出すようになり、全体が白っぽくなったら取り出します。

そのまま数分間おいたら、油の温度を一八〇度に上げ、再び肉を入れてきつね色に色づくまで（一～二分間）揚げます。この方法を〝二度揚げ〟といい、揚げる材料が大きい場合に使われます。最初の揚げ操作では、材料の外側を焦がさないように火を通して取り出します。しばらくおくと表面の温度が内部に伝わっていき、内部から水分が表面に出てくるので、二度目の揚げ操作で表面の水分が蒸発して油きれがよくなり、〝からっ〟と揚がります。外側に焦げもついて歯ざわりがよくなります。したがって二度目は高温短時間加熱にします。

唐揚げには骨付き肉を用いると、加熱による収縮が少なくなり、軟らかく揚がります。若鶏は皮が軟らかいので、皮付きのまま用いることで独特の風味も加わってきます。このほか、コイやアジなどの魚を丸揚げするときには、火が通りやすいように魚肉の表面に切り込みを入れて二度揚げする方法が用いられています。

唐揚げは鶏肉に十分下味をつけること、デンプンをつける前に余分なつけ汁は除いてデンプンをまんべんなくつけること、デンプンをつけたらすぐに揚げること、揚げ温度をきちんと調節することなどがポイントになります。デンプンをつけて長時間置いておくと、肉の内部から水分が出てくるため、肉表面がべたつき、〝からっ〟と揚がらない原因となります。

（市川朝子）

49 さしみのおいしさのもとは？

日本では魚肉をさしみとして生で食べる習慣があります。生魚は口に入れたときにうま味を強く感じることはありませんが、長く噛んでいるとうま味が感じられるようになります。それは、魚肉のタンパク質にうま味成分が含まれているからです。うま味成分とは、イノシン酸やアミノ酸、あるいはアミノ酸が一〇個程度までつながったペプチド、糖類、有機酸などです。

さしみには一般的に鮮度のよい魚を使いますが、魚にはそれぞれ食べごろがあり、必ずしも活き作りが理想ではありません。活き作りは盛り付けが華やかで、添えられた頭などがピクピク動くと新鮮さが感じられますが、魚のうま味は発揮されていない場合もあります。

魚は水揚げ後数時間で死後硬直が起こり、肉質が硬くなります。硬直中は筋肉が収縮した状態のままなので、コリコリとした歯ごたえになります。畜肉ではこのような状態では食べることはできません。熟成を経て食肉となります。魚は畜肉より身が軟らかいので、硬直中に食べても歯ごたえを楽しむことができます。「あらい」といって、わざと硬直させた身を食べることさえあります（項目53参照）。

硬直が解けると、魚が持つ酵素でタンパク質が分解され、自己消化が進んで軟らかくなり、さらに進むと腐敗の経過をたどります。また、自己消化が進むと、アミノ酸やペプチドなどのうま味物質ができてきます。筋肉の中ではエネルギーを与えるアデノシン三リン酸（ＡＴＰ）が分解され、うまみ物質の一つであるイノシン酸（ＩＭＰ）が生成されていきます。生きている魚の筋肉の中にはＩＭＰの量は非常に少ないのですが、死後にＡＴＰの急速な分解により、アデノシン二リン酸（ＡＤＰ）からアデノシン一リン酸（ＡＭＰ）を経てＩＭＰが蓄積されていきます（72ページコラム参照）。

即殺直後のさしみ、すなわち活き作りは新鮮な魚肉のテクスチャーを味わうにはよいのですが、まだＩＭＰが少ししか蓄積されていないため、うま味が乏しいといえましょう。魚のうま味を味わうには、締めた魚をあえてしばらく寝かすことによって、ＩＭＰを筋肉中に蓄積させ、うま味の十分備わった食べごろをつかむことです。料理人は締めてから六〜八時間経った方がおいしいといいます。ハマチの実験では即殺四時間後からＩＭＰがふえはじめ八時間後にピークになったという報告があります。

さらに魚種による違いも考慮する必要があります。すぐに食べる必要があるのは、エビやカニなどの甲殻類です。イワシやサバなど背の青い魚も早めに食べる方がよい一方、カレイ、タイなどの白身魚はうま味成分が蓄積するのを待った方がおいしいのです。マグロのような大きな魚は、むしろ多少日数をおいて熟成させた方がおいしく食べられます。

（津田淑江）

50 さしみはなぜ包丁を引いて切るの？

さしみはお作り（お造り）ともいわれ、新鮮な魚肉類の持ち味を生かして口当たりを賞味する、日本独自の生もの料理です。新鮮な魚介類さえあればさしみを作ることはできますが、切り方によっておいしさに差が出ます。つまり、さしみには素材の新鮮さと同様にテクスチャーが重要で、切り方次第で口当たりがまったく異なり、さしみ自体の味に大きく影響を及ぼします。

さしみを上手に作るには、まず包丁の選び方が重要です。もちろん、牛刀でもさしみを作ることはできますが、おいしく作るには、刃が薄く、刃渡りが長く、片刃のさしみ用の包丁を使います。さしみ用の包丁は大きく分けて、たこ引きと柳刃の二種があります（項目91参照）。

たこ引きは細長い長方形の包丁で、おもに関東地方で用いる場合が多く、軽くて、平作り、皮引きに適します。一方、柳刃は刃先がとがっている包丁で、関西地方で多く用いられ、重いため、引き作り、三枚おろし、ハモの骨切りなどに適しています。フグの薄作りの場合は、ふつうのそぎ切りよりもさらに薄くそぐために、特別な包丁が使われます。

さしみの切り方を、魚の種類、筋線維の状態、料理の種類などによって変えることで、それぞれの特有の味を引き出すことができます。赤身の軟らかいマグロやカツオなどは「引き作り」や「平作り」が適し、白身で硬い肉質のタイやコチ、ヒラメは「そぎ作り」が適しています。いずれの場合も包丁を引いて切る、引き切りです。

引き作りは包丁を傾けず、刃元から入れて刃先まで手前に引きながら切る手法で、平作りは身の厚い方を向こう側に置き、包丁を左に少し傾け、刃元から入れて刃先まで手前に引いて切り、切った身を包丁とともに右に送り順次ずらして重ねる方法(「切り重ね」ともいう)です。そぎ作りは包丁を右に傾けて左側から薄くそぐ方法で、この場合も刃元から包丁を入れ、刃先に向かって手前に一気に引きます(いずれも右利きの場合です)。

さしみはなぜ「引き切り」をするかというと、さしみのように軟らかい肉質の魚介類をなめらかに切断する場合、その切断部分に直接包丁を当ててそのまま押し下げる垂直押し切り法や押し出し法では、切断面の肉質がくずれてしまうためです。また、包丁の刃先は刃元よりも薄くなっているので、包丁を刃元から入れ、刃先まで一気にすっと引くように切ることにより、少ない力で引くことができ、その切り口が形くずれしない状態に仕上げることができるのです。

さらに、切れ味のよい包丁を使うことも必要です。切れ味が悪い包丁では魚介類の肉質を引っ張ってしまい、切り口の細胞がつぶれてエキスが流れ出し、味も外観も悪くなってしまいます。

このように、よく研いだ鋭利な包丁で、刃の長さを利用して一気に引いて切ることにより、切り口もなめらかで、口当たりのよい、おいしいさしみを作ることができます。

(平尾和子)

51 さしみのつまは飾りじゃないの？

白く透き通るヒラメやホタテ、ほんの少し紅をさしたようなタイ、赤身のマグロなどが盛りつけられたさしみのかたわらには、必ずつまがあしらわれています。あしらいものとも呼ばれ、確かにつまはその盛りつけの美しさを引き立てていますが、ただの飾りではありません。

さしみのつまには香辛野菜や海藻が用いられています。紅タデ、大葉（青ジソ）、穂ジソ、芽ジソ（紫芽、青芽）、花丸（花つきキュウリ）、春蘭、岩茸、ボウフウなどがあります。また、海藻としてはトサカノリ、サンゴノリ、ワカメなどがあり、香りと色を楽しめます。

一方、ダイコン、ウド、チシャトウ、キュウリ、カボチャを千切り（千六本）にしたものをけんと呼びます。網ダイコン、松葉ウド、あやめウド、ラセン状のニンジン、菊かぶら、扇形や蛇腹、さざ波状のキュウリなどの飾り切りには板前さんの包丁さばきもうかがえます。ツクシやワラビ、菊の花などは季節感を漂わせます。

つまにはそれぞれ特有の風味があります。さしみには必ずワサビがつきます。ワサビの風味は辛味とも呼ばれています。辛味はワサビばかりではなく、アジ、イワシ、サバなどの青い魚にはショウガが添えられ、カツオにはショウガ、ネギのほかにニンニクも辛味として使われます。また、タデやシソにはさわやかな香りがあります。これらの風味がさしみの味をいっそう引き立て、口の中をさわやかにし、次に口に入る料理の味を堪能することができます。

シソには香り成分としてペリラアルデヒドがあり、ワサビではすり下ろしたときに生成するアリルイソチオシアネートが特有の香り成分として知られています。つまの香りは魚の生臭みを和らげ、嗜好性を高めるので、さしみのアクセントとなって食欲を増し、また消化を促す効果もあるのです。さらに、つまに含まれる香り成分の中にはアリルイソチオシアネートのように強力な抗菌性を示すものが多く、さしみの鮮度の低下を防いでいます。

つま、けんが添えられたさしみ

海に囲まれた日本では地域、季節によって食卓にあがる魚がさまざまです。したがってつまも魚の種類、風味によって異なり、多様です。たとえば沖縄県の八重山諸島では海浜植物のボタンボウフウ（一名、長命草）やフェンネルが添えられています。これらの葉には清涼感の漂う香りと抗酸化性成分が含まれています。これ生ものを食する伝統の中で、さしみとつまの組み合わせは優れた日本の食文化の一つといえましょう。

（中谷延二）

52 「たたき」ってどういう料理？

魚のたたきは、生の魚肉を切って香味野菜や調味料と一緒に叩いた料理です。代表的なものが「カツオのたたき」とアジなどの小魚を使った「たたきなます」です。

たたきにするのは、新鮮な魚肉材料を生食する際に、赤身の魚（アジは赤身と白身の中間の魚とされています）のにおいをできるだけ防ぐためです。また、細かく切ったり、魚の身を叩いたりすることで組織が破壊され、調味料などの味がしみ込みやすくなって食べやすくなります。

「カツオのたたき」は、今では全国どこでも作りますが、もとは高知県の郷土料理で、春に黒潮にのって南の海から北上してきたカツオが高知沖で漁獲されるようになると作られていました。

カツオはさしみでも食べられるのですが、たたきは「さく」にしたカツオの周りを軽く焼き、皮に焼き目をつけてから氷水で冷やし、さしみと同様に引き作りにします。そして塩をふり、さらにショウガ、ニンニク、ネギ、ミョウガ、大葉などの細かく切ったものや大根おろしなどをのせて、スダチの汁あるいはポン酢をかけます。包丁の腹でぺたぺたと叩くと、味がなじんでおいしくなります。冷やして食べます。

カツオの青く縞がある皮にはコラーゲンが多く含まれ非常に硬いのですが、焼くとコラーゲンが変性して分解し軟らかくなり、また、皮下脂肪が熱で溶け出していっそうおいしさが増します。また、カツオが漁獲されるようになる暖かい季節には、栄養豊富なカツオの生肉には細菌がつきやすく、繁殖しやすいので、さくの周りの肉が白くなる程度に焼くと、殺菌にもなり保存性が高くなります。生魚のにおいは表面の焦げの香りと細かく切ってのせた野菜の強い香りがカバーしており、またスダチの汁もポン酢も魚臭を抑える働きをしています。

したがって、カツオのたたきは熱で変性した周辺部分と中心部の生肉とが同時に味わえ、焼き魚のうま味とさしみの軟らかなテクスチャーをあわせ持っており、いわばカツオのレアステーキといえるものです。

アジのたたきは、新鮮なアジを三枚におろし、皮と腹身をそぎ取り、まな板の上で肉を叩きながら食べやすく細かく切ります。このとき、ネギ、ショウガ、大葉も一緒に叩き込み、また味噌を味がつく程度に加えてつき混ぜることがあります。味噌を使わなければショウガと醤油で食べます。

この食べ方は、房総半島などの浜辺の地方で行う郷土料理の一つです。また、これを木の葉型にして焼いたものを「サンガ」と呼んでいます。味噌とともに叩いた肉をだんごにして汁に入れると魚肉だんご汁です。味噌を使うことで、魚臭を消して、おいしく食べることができます。

（下村道子）

53 「あらい」ってどういう料理?

「あらい」は、活魚やきわめて鮮度の高い魚介類の肉をそぎ切りなどにしてから、流水に勢いよく打たせたり、多量の水中で激しくかき混ぜたりして、洗って作ります。この独特の調理法が、「あらい」という料理名の由来で、魚介類の活きのよさを味わうさしみ料理の一種です。

あらいに用いるのは、スズキ、タイ、カレイ、オコゼ、コチなど身の締まった白身の魚です。コイ、フナ、アユなどの川魚や、イセエビ、クルマエビ、カニなどの「あらい」もあります。

通常、あらいには生きた魚介類を用います。即殺直後の魚肉には、多量のアデノシン三リン酸（ATP）が存在します。これを水中で勢いよく洗うと、ATPの一部が水中に流出し、筋肉中のATPは急激に減少します。すると筋肉が収縮し、歯ごたえがうまれます。

肉片を洗う水は、氷水、井戸水、温水とさまざまですが、水温によって食味も異なります。コイでは、四九度のあらいが冷水あらいに比べて外観がなめらかで、透明感があり、歯切れがよくなります。また、洗うことで魚介の風味が失われるかというと、むしろ逆で、クルマエビやズワイガニ脚肉の四九度のあらいは、うま味や甘味が増し、風味が強くなります。

（松本美鈴）

コラム

しめさばのおいしさ

サバは庶民的な魚であり、日本中どこでもとれるので、煮魚や焼き魚などにして広く食されています。またヨーロッパでは燻製にして食べています。日本では、古い時代から、若狭の海で漁獲されたサバにたっぷりの塩をふって、山越えでひと晩かけて京都、大阪に運んでいました。その名残が、現在でも鯖街道として残っています。

京都や大阪では、この塩サバを酢洗いし、さらに酢に浸してしめさばにしました。京都の生鮨《きずし》、大阪のバッテラなどはお祭りのごちそうとしてなくてはならないサバのすしです。酢に漬けたサバはにおいが少なくなり、酢飯とよく合います。

サバは、「サバの生き腐れ」といわれるほど鮮度が落ちやすいのですが、べた塩と呼ばれる、表面が白くなるほど（10～15%）の塩をして身を締め、さらに酢に漬けておくことで腐敗菌が繁殖せず保存性が高まります。

また、魚肉にはカテプシンDというタンパク質を分解する酵素が入っています。この酵素は、塩分が多いとき、あるいは中性（生の肉はほぼ中性）ではほとんど働かないのですが、酢に漬けて塩分がしみ出し、肉が酸性になると働き出して魚のタンパク質をペプチドやアミノ酸にまで分解します。このアミノ酸類と酢の風味が一緒になっておいしさが増します。

また、しめさばの表面は食塩と酢によって強く変性し、硬く締まっています。周囲の白く変性してしまった肉と内部の生で軟らかな肉を一緒に食べるとしめさば独特のテクスチャーが味わえます。

（下村道子）

54 魚の煮付けで、煮汁が沸騰してから魚を入れるのはなぜ？

魚を煮るときは、魚のうま味がなるべく逃げないように、少ない煮汁の中で煮ます。このような煮物を「煮付け」といいます。

切り身の魚の場合は、調味料を合わせた煮汁を沸騰させてから入れます。こうすると、切り身の表面が煮汁の高温ですぐに凝固し、魚の中のうま味（エキス分）が煮汁の方へ出ていくのを抑えることができるからです。これは肉や魚などのタンパク質を多く含む食品を焼くときに、まず表面を加熱して凝固させ、中からエキス分が出ていくのを抑えるのと同じです。表面が凝固したら、あとは火加減を弱くして中まで火を通します。

一匹の全魚を煮るときには、必ずしも煮汁が沸騰してから入れる必要はありません。煮汁の温度が室温のときに魚を入れてから加熱しても、表皮があるので、肉のうま味が煮汁の方に出にくいからです。むしろ、煮汁が沸騰してから魚を入れると急に熱が加わるので表皮が破れたりすることもあり、外観を損ないます。たとえば、全魚のカレイの煮付けでは表皮に切り目を入れておき、煮汁の中に入れてから加熱します。

実験によれば、一切れ八五グラムぐらいのヒラメの切り身を、室温から煮汁に入れて加熱すると元の重量の七六・六パーセントに、沸騰した煮汁に入れると元の重量の八〇・〇パーセントになり、沸騰した煮汁に入れた方がエキス分の流出は少ないことがわかります。全魚のアジ一四〇グラムの場合は、どちらも八八・〇パーセントで差がありませんでした。

鍋底には、魚がくっつかないように竹の皮をさいて敷いたりすることもあります。

煮付けでは煮汁は少量ですから、魚全体が煮汁に浸っているわけではありません。煮汁に浸っていない部分は味がつきませんが、魚は身が軟らかいので裏返すとくずれやすくなります。そこで落とし蓋をして、煮汁に浸っていないところと、浸っているところの味の差を小さくします。また、盛りつけるときに、少し残った煮汁を魚にかけます。

全魚を皿に盛りつけるときは、焼き魚と同様、左側に頭が、手前に腹がくるようにします。カレイの場合は時には頭が右にくるように置くこともあります。なぜなら、一般にカレイは腹側が手前にくるようにすると頭が右になるからです。切り身の場合は横長に、見た感じがよいように皮を向こう側にして置くのが普通です。

なお、煮付けと反対に、豆や根菜などをたっぷりの煮汁で煮る場合を「含め煮」といいます。材料が煮えるのにかかる時間より、中まで味がしみ込むのにかかる時間の方が長いので、材料が煮汁の中に浸るようにして、味をしみ込みやすくします。おでんも同様に多量の煮汁の中で煮て、そのまま味をしみ込ませます。

（畑江敬子）

55 煮こごりってどうしてできるの？

魚や鶏肉などを煮て、その煮汁を冷蔵庫に入れたり、冬には寒い部屋にそのままおいたりすると固まってきます。これが煮こごりで、いわば煮汁のゼリー寄せです。

日本ではサメ、エイ、タイ、ヒラメ、スッポンなど、魚の煮こごりが多いですが、中国などでは鶏肉も使います。軟らかく煮た魚や鶏肉などを煮汁ごと固めて、材料のおいしさと煮汁ゼリーのとろりとしたおいしさを賞味するもので、酒肴や突き出し（お通し）などに用います。また、魚の切り身や細く切った鶏の皮、野菜などを美しくあしらって四角な容器に入れて固め、切り出した煮こごりは涼しげで美しいので、前菜にも使われます。

煮こごりができるのは、魚や、鶏肉と皮の結合組織のコラーゲンが加熱によって分解・切断されてできたゼラチンが固まるからです。

コラーゲンを多く含んでいる結合組織は、強い線維からできています。これはタンパク質ですからアミノ酸が鎖状につながったもので、このままでは水には溶けません。しかし、水に入れて加熱すると線維の鎖がところどころで切れ、短くなった分子ができます。これをゼラチンと呼んでいます。したがって、ゼラチンは、タンパク質の分子量一万五〇〇〇〜三〇万のさまざまな大きさのものが含まれた不均一な物質です。

ゼラチンが含まれた溶液では、線状のタンパク質が分散した状態で存在しています。このまま冷やすと、水や調味料などを含んだ状態でタンパク質同士が網目状に結合し、液全体が固まってきます。これがゼラチンの凝固です。凝固したものは、結合が弱いのでくずれやすく、体温で溶けるため食べると口の中でとろっと溶けます。煮こごりを再度加熱すると溶けて液状になり、また冷やすと固まります。

日本ではなぜ魚が多く用いられるかというと、魚の方が加熱によって軟らかくなりやすく、煮こごりを作りやすいからのようです。牛肉のすね肉にも多くのコラーゲンが含まれていますが、軟らかくするには二〜三時間ほど加熱が必要で、コラーゲンを溶出させるにはさらに時間がかかります。一方、魚の皮、筋隔膜（肉を仕切っている薄い膜）、骨にあるコラーゲンは畜肉のコラーゲンよりも変化しやすい、いわば弱い性質で、八〇〜九〇度に加熱するだけで煮汁の中に溶け出してきてゼラチン化します。

ちなみに、皮付きのコイの肉を五時間煮込み続けた実験では、含まれている全コラーゲンの約四〇パーセントが水の中に溶け出しました。そのうち二〇パーセントは皮から溶出したもので、一五パーセントはうろこからでした。古い時代は、煮こごりに魚の骨や皮、うろこも利用していたようです。

（吉岡慶子・下村道子）

56 イカは加熱するとなぜ丸まるの？

イカを開いた身を加熱すると確かにくるっと丸まりますね。イカの調理ではこの性質を利用して模様をつけたり、丸まらないような切り目を入れたり、工夫をしています。

さて、イカを加熱するとなぜ丸まるのでしょうか。その原因のひとつはイカの表皮に含まれるコラーゲン線維にあります。イカの表皮は薄い四枚の層になっていて、通常の方法で皮をむいて現れた白い身には、まだ三層目と四層目の皮がついたままとなっています。イカのさしみを食べて、なかなか噛み切れなくて困ったことはないでしょうか。それは、これらの皮が完全に取り除かれていないからだと思われます。

とくに四層目の皮は筋肉に密着していてなかなか剥《は》ぐことができないのですが、ここにコラーゲン線維が含まれています。コラーゲン線維はイカの身の体軸方向（縦方向）に走っていて、加熱すると強く収縮する性質があり、これがイカの身が縦に丸まる原因です。また、イカの身の内臓側の皮にもコラーゲン線維は含まれています。

一方、イカの筋肉の筋線維は胴をぐるっと取り巻くように走っており、加熱すると横方向に収縮します。ですからイカの身は切り目を表側と内臓側のどちらに入れても、切り目を入れていない方にくるりと丸まってしまうのです。

これらの繊維構造のなかでもっとも収縮が強いのは、表皮の第四層のコラーゲン線維です。ですから、華やかな飾り切りを好む中国料理では大きく収縮するように切り目はイカの内臓側に入れてあります。しかし、日本料理の飾り切りではあまり強く収縮しないように切り目は表に入れ、また、イカを平らに仕上げるときは、表と裏の両面に浅く切り目を入れて、加熱しても丸まらないようにしています。

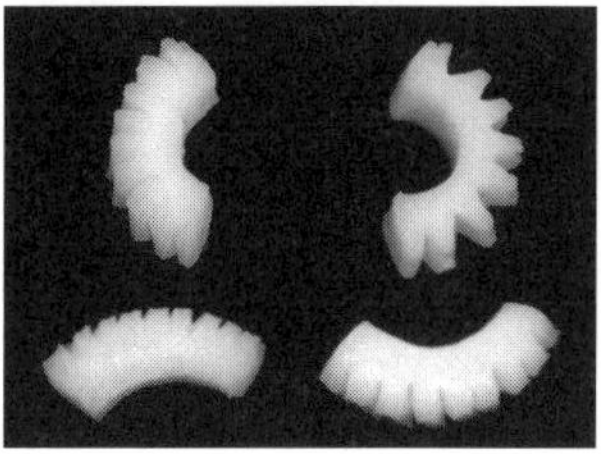

イカの切り方

上段は体軸方向に切り出したもの。右は裏側に、左は表側に切り目を入れて加熱した。下段は体軸と垂直方向に切り出したもの。右は裏側に、左は表側に切り目を入れて加熱した。体軸方向の収縮が大きいことがわかる。

ところで、切り方は料理の味にも影響するのでしょうか。たとえば飾り切りをした場合、表面の凹凸には調味料が絡まりやすく、また浸透しやすくなります。さらに、切り目があると噛み切るのも容易になるでしょう。

生イカの口当たりを楽しむさしみでは、表皮第四層までしっかり皮をむいた場合、ねっとりとしたイカ独特の口当たりが楽しめますし、第四層を残した場合は、縦方向にごく細く切ると少し歯ごたえがあり、横方向に細切りにすると軟らかい口当たりになります。

（久木野睦子）

57 エビをゆでると赤くなるのはなぜ？

エビやカニなどの甲殻類のピンク色は、β－カロテンやリコピンと同じカロテノイド系色素の一種のアスタキサンチンによるものです。カロテノイドの結晶は深紅色のものが多いですが、アスタキサンチンは、淡黄色、黄色、橙色から紅色に至る色を呈します。最近では、アスタキサンチンは高い抗酸化機能を持つという説と、これを否定する説があります。

生きている甲殻類の殻では、ホッコクアカエビは赤、クルマエビは褐色、ブラックタイガーは黒、大型のイセエビは赤黒いなど、さまざまな色が見られます。殻にはアスタキサンチンがグロブリンタンパク質と結合して存在しており、赤いもの以外は黒っぽい青灰色、緑、紫、褐色などの地味な色合いです。ところが、それらも加熱すると鮮やかな赤色になります。加熱によってグロブリンタンパク質が熱変性してアスタキサンチンとの結合が切れ、分離したアスタキサンチンはカロテノイド本来の色である鮮やかな黄色から赤色を呈するようになるからです。

加熱した後の赤色の発色は、一般に体色の青緑色が濃いものほど鮮やかになり、エビでは加熱前の色が褐色、ピンク、白の順に加熱後の赤みが強いとされています。

（三橋富子）

コラム

DHAとEPA

最近、DHA（ドコサヘキサエン酸）やEPA（エイコサペンタエン酸）が「体や頭にいい」といわれ、注目を集めています。DHAもEPAも脂肪酸で、体内では合成できない必須脂肪酸として食事から摂る必要があるとされています。

DHAやEPAは魚に多く含まれている脂肪酸です。とくに青魚や寒い地方の海に生息する魚に多く含まれています。ただし、酸化されやすいのが欠点です。ですから、さしみなど、生で食べる方が効率よく摂取できます。干した魚では、やや酸化が進んでいるものもあります。酸化した脂質は健康に有害であると考えられています。

さて、DHAは人体の中では脳神経系に多く含まれています。このことから、DHAを多く摂ると頭がよくなるという説もありますが、魚をたくさん食べる人は頭がよくて、魚をほとんど食べない人は頭がよくない、ということはないようです。そのほか、DHAには血液中の中性脂肪量を減らす働きが明らかにされています。

一方、EPAは、血を固まりやすくしたり、炎症を引き起こしたりする体内の成分（エイコサノイド）の作用を抑制することができます。また、EPAはDHAの前駆体となるほか、DHAと同様、血液中の中性脂肪量を減らすことがわかっており、これらの成分を含む飲料なども市販されています。

しかしながら、これらの効果に対して否定的な研究報告もあります。結局のところ、さしみや煮魚などの魚料理を食生活に取り入れて、サプリメントなどによる過剰な摂取は避けることが望ましいといえます。

（高村仁知）

58 温泉卵・半熟卵・固ゆで卵を作り分けるには?

卵をそのまま水に入れて加熱するだけの簡単な方法で作るゆで卵は、ゆで方によって、幼児食、病人食、日常食、客膳料理にまで使える便利な料理です。卵の卵白と卵黄にはそれぞれ異なる幾種類ものタンパク質が含まれ、その多くは加熱すると固まる性質を持っていますが、凝固温度が少しずつ異なっているので、ゆでる温度によっていろいろなゆで卵ができるのです。

卵白は六〇~七〇度にすると変性して白濁はしますが固まらず、八〇度で流動性を失い、八五度で固まります。一方、卵黄は六〇~七〇度で赤味をおびて流動性を失い、七〇度でねっとりと固まり、八五度で固まって、粉質状の卵黄になります(図)。温度によって卵黄と卵白の固まり方が違うことを利用して、温泉卵・半熟卵・固ゆで卵を作り分けることができます。

温泉卵とは、卵白は白濁していてとろりと流動性があるが固まっていない状態で、卵黄はどうにか固まりかけて丸い形を保っている状態の卵のことです。湯の温度が六〇~七〇度の温泉に卵を網やざるに入れて三〇分間ほど浸しておけば、このような卵ができるのです。温泉でなくても湯の温度を六〇~七〇度に保つと容易に作れます。このほかに、蓋つきのどんぶりなどに卵を入れ、ここに沸騰した熱湯を卵がかぶるまで入れ、蓋をして一五分以上おく方法もあります。

半熟卵は、卵白は凝固していて卵黄は凝固していない状態です。卵を水から入れ、沸騰した後三〜五分間ゆでると、卵の殻に近い卵白は八五〜九〇度になって固まっていますが、卵黄には熱がまだ十分に届いていません。ここで加熱をやめ、凝固が進まないよう卵を水で冷やします。

固ゆで卵は、卵白・卵黄いずれも凝固した状態です。大きさによって多少異なりますが、卵を水から入れ、沸騰してから一二〜一三分間加熱するとできます。卵殻の近くの九〇度の温度が中心まで伝わるには、およそ一五分かかるとされています。その途中が半熟卵です。

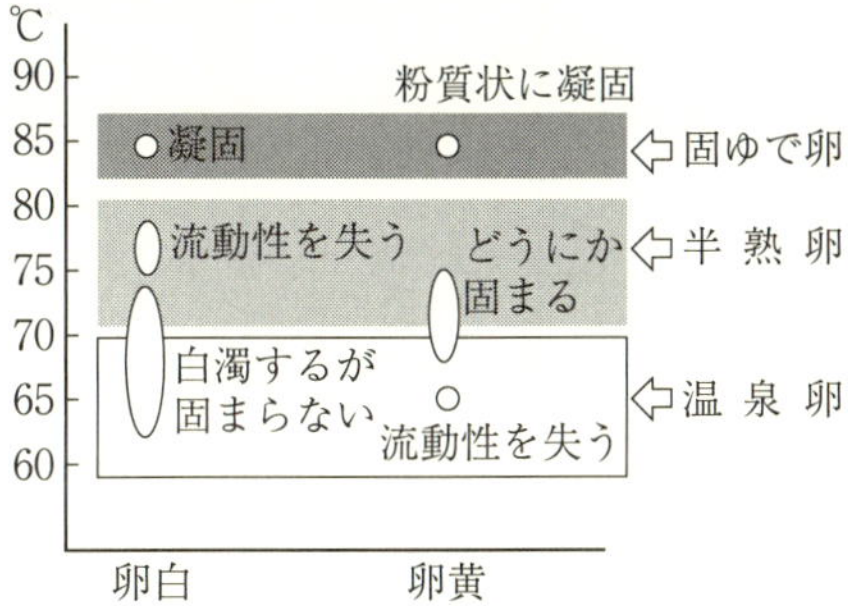

卵白・卵黄の凝固と温度の関係

ゆで卵を作る段階で卵殻が割れることがあります。これは生卵の鈍端にある気室中の空気が膨張し、また、熱で卵の内部の圧力が高くなるからです。卵の気室中の空気が卵殻から少しずつ出ていけば卵は割れることはありませんが、熱湯の中に入れて急に卵の内部の温度が上昇して空気が膨張すると、内部の圧力が高くなり、卵殻が破裂します。ゆで卵を作るときは、水から入れて弱火で加熱すると卵殻が割れにくくなります。

また、鮮度が低下した卵は気室が大きいため、空気の膨張が起こり卵殻が破裂しやすいといえます。

（小川宣子）

59 ゆで卵の黄身がかたよらないようにするには？

ゆで卵の黄身はまん丸で、その周りをまた丸く卵白が包んでいて、幾何学的な美しい形をしています。しかし、ときに黄身がかたよってしまったり、黄身の周りが黒くなったりすることがあります。黄身が中心にくるように、美しくゆでるには、どうすればよいのでしょうか。

卵は、大きく分けると卵黄、卵白、卵殻の三部分からなり、その重量比はおよそ三二対五七対一一です。そして卵白は、水様卵白（四〇・〇パーセント）、濃厚卵白（五七・三パーセント）と卵黄を中心に保つためのひも状のカラザ（二・七パーセント）からできています。

卵白にはタンパク質が約一〇パーセント含まれ、脂質はごく微量で、比重は平均して一・〇四八です。卵黄には脂質が三三パーセントと多く含まれていますので、卵白よりやや比重が小さく一・〇三八です。静かに水の中において加熱すると、卵黄は卵白より軽いので、浮き上がってしまい、卵の中心からずれることになります。とくに、卵が古くなると、卵黄を取り巻いていた濃厚卵白の構造がくずれ、濃厚卵白がさらさらの水様卵白になってしまい、またカラザも弱くなります。するといっそう黄身が浮き上がりやすくなります。

卵黄が卵白の中心にくるようにするには、卵白が変性して凝固するまで、湯の中で回転させることです。水から入れるなら八〇度になるまで回転させます。熱湯に卵を入れる場合なら一～二分間でよいでしょう。

また、ゆで卵で卵黄の周りが暗緑色になることがあります。古い卵を使ったり、加熱時間が長い場合に起こります。しかし、変色するのは黄身の表面だけで、内部まで暗緑色になることはありません。表面の暗緑色は卵黄と卵白から硫化第一鉄ができたためです。

卵黄中には多くの鉄分が含まれており（一〇〇グラムあたり六・〇ミリグラム）、卵白にはイオウを含む含硫アミノ酸であるシスチンやメチオニンなどが多く含まれています。含硫アミノ酸は、熱によって容易に分解して硫化水素を発生します。これが卵黄中の鉄と化合して黒色の硫化第一鉄を生成し、卵黄と卵白の境目の卵黄表面に変色が起こるわけです。卵が古くなると卵白のタンパク質がいっそう分解しやすくなり、温泉地で噴き出しているガスのようなにおいの硫化水素を発生しやすくなるのです。

では、このような変化を防ぐにはどうすればよいでしょうか。まず、新しい卵を選ぶことです。そして、ゆで終わったらすぐに冷水に浸けることです。卵を加熱した後すぐに冷水に入れると、卵の表面の温度が低下します。すると今度は発生した硫化水素が高温の卵内部から低温の卵表面に向かって拡散していき、卵黄の方にはいかないので、暗緑色にはなりません。ゆで終えた卵を冷水に浸すと、殻もむきやすくなります。

（小川宣子、酒向史代）

60 卵を溶きすぎると、おいしい卵焼きができないって本当?

新鮮な卵を割ると、流れるように広がる水様卵白の中に、どろっとしたゲル状の濃厚卵白、そしてそれに包まれた卵黄を観察することができます。しかし、卵が古くなると濃厚卵白は減少し、卵黄の周りには水様卵白の割合が増えます。

卵を加熱したとき、濃厚卵白の割合が高いとしっかりとした熱凝固が起こります。一般に、コシのある食感のよい卵焼きなどと表現されます。ところが、激しく攪拌《かくはん》すると濃厚卵白の三次元的な網目構造が簡単に壊されてしまい、水様卵白に変化します。大量の卵焼きを作るときなどに、ミキサーや泡立て器を使用すると均一な卵液が得られやすいですが、加熱したときの凝固力が落ちてしまいます。

家庭で卵焼きを作る場合では、菜箸を使って卵を割りほぐし、卵黄と卵白が均一になるようにかき混ぜます。しかし、新鮮な卵を使用すると、なかなか均一な卵液にはなりにくく、激しくかき混ぜた結果、泡立ってしまうことがよくあります。これは、卵白のタンパク質の半分以上を占めるオボアルブミンというタンパク質の性質によるものです。

オボアルブミンは空気と接触すると変性し、空気を核としてその周りに凝集しやすい性質をもちます。つまり、泡立て器を使用して卵白を攪拌すると、卵白は空気を抱き込み、変性を起こしてしまいます。変性したタンパク質は熱凝集性が悪くなり、しっかり固まらなくなるのです。

それでは、おいしいコシのある卵焼きを作るにはどうすればよいのでしょうか。

まずは、濃厚卵白の多い新しい卵を使用することです。そして、卵の割りほぐし方にもポイントがあります。菜箸をボウルの底につけて、濃厚卵白を切るように混ぜるか、菜箸を上下に動かしながら、つまむ（ちぎる）ようにして濃厚卵白をほぐすなど、泡立たないように混ぜることです。

そして、火加減も重要です。よく油のなじんだ鍋に、卵液のついた菜箸を押し当てたときに、じゅっと音がして直ちに卵液が凝固し、煙が出ない温度が適温です。つまり、卵液を流し入れたとき、卵液から一気に出てきた水蒸気が逃げないように、三次元的な網目構造を作った状態で加熱凝固させると、ふわっとした弾力性のある卵焼きができるのです。鍋の温度が低いと、水分が蒸気にならない状態で卵液が凝固するので、フィルム状で食感の悪い卵焼きになります。

さらに、口当たりや味をよくするには、卵液にだし汁、みりん、砂糖などを加えます。いずれにも、軟らかく仕上げる効果があります。デンプンを加えますと、焼きやすくはなりますが、硬くなってしまいます。

（木戸詔子）

61 かき卵汁に水溶き片栗粉でとろみをつけるのはなぜ？

かき卵汁は、調味したすまし汁を熱くしたところによく溶いた卵を流し入れ、ふんわりとした膜状に固まるよう調理したものです。家庭で簡単にできる和食ですが、うまく作るにはいくつかコツがあります。その一つが、卵を入れる前にすまし汁に少しとろみをつけることです。

とろみは、片栗粉（ジャガイモデンプン）を汁の量の一パーセント程度になるよう、水に溶いて加えます。片栗粉は水には溶けません。デンプンを直接汁の中に入れると、部分的に吸水して固まり状になりますので必ず水に懸濁させてから使うのです。

四人分の場合、汁は六〇〇～六五〇ミリリットルになるので、片栗粉の量は六グラム、計量スプーンの小さじすり切り二杯に相当します。分量の片栗粉を同量の水と合わせてよく混ぜ、調味済みの熱い汁にかたよらないように入れます。

全体がよく混ざり透明になったことを確かめてから、汁を沸騰に近い状態に保ち、溶き卵を薄く広がるように流し入れます。このとき汁にとろみがあると、卵は移動する速度が遅くなり、水平方向にも広がりながら加熱されることになるので、薄膜を作りやすくなります。

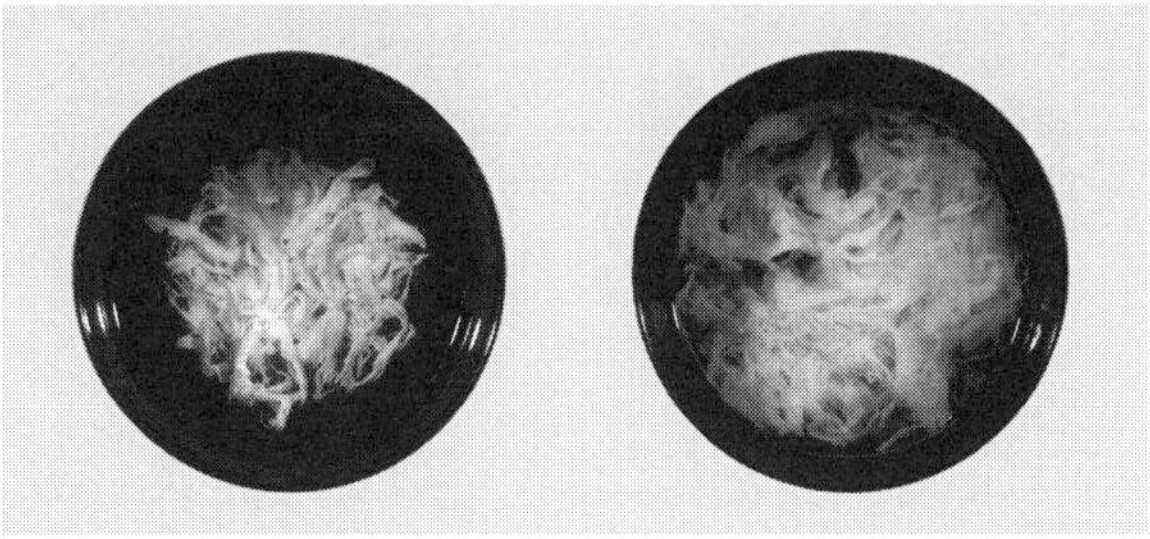

かき卵汁のとろみの有無と卵の状態

右はとろみあり、左はなし。とろみがある方は椀の中でふわりと浮き、ない方は沈んでいる。

また、とろみのある汁の方が熱の伝わり方がゆっくりしているので、卵がふんわりとした感じにできあがります。卵を入れたあとは鍋の蓋をして火を止め、余熱で仕上げるとよいといわれています。高温の加熱は卵を固くし、ふんわり感を損なうので、やや低い温度でゆっくり固めるために、こうしたやり方が行われています。

汁につけたとろみの効果は、汁椀にそそいだあとにも現れます。加熱された薄膜状の卵は、図のようにとろみのある汁の中では浮かびやすくなります。とろみをつけると汁そのものの比重が大きくなり、卵の浮力が増すからです。さらに、デンプンが網目構造を作っているため、卵が沈みにくいのです。

汁椀全体にふんわりと浮かんだ卵は見栄えのよいものです。また、汁の対流が抑えられ冷めにくいことも、とろみ効果の一つに数えることができるでしょう。（井川佳子）

62

茶碗蒸しに〝す〟が立つのはなぜ？

卵はいろいろな液体とさまざまな割合で混ぜ合わせることができ、かなり薄めても、加熱すれば軟らかく凝固するという優れた性質を持っています。この性質を利用した料理が、茶碗蒸し、卵豆腐、カスタードプディングなどです。よく、料亭のような茶碗蒸しが食べたいという言葉を耳にします。どのようにすれば、舌触りのなめらかな、〝す〟の立っていない茶碗蒸しができるのでしょうか。

まず、基本の希釈倍率を守ることです。茶碗蒸しは器から出す必要はないので、容量比で卵一に対して三〜四倍のだし汁を加えても、すなわち卵濃度二〇〜二五パーセント程度に希釈しても、スプーンですくって形が保てる硬さに固まります。一方、卵豆腐の場合は、型から出して自由に切れる硬さが必要なため一〜二倍のだし汁で希釈します。

なめらかな茶碗蒸しの条件は、固まっていて〝す〟が立っていないことです。卵液の溶存性気体（溶液に溶けている気体）が多いと、加熱したときにす立ちの原因になります。溶存性気体は溶液の温度が低いほど多く溶けていますので、だし汁に調味料を入れて煮立てたものを六〇度前後に保ち、溶いた卵と合わせます。

だし汁に調味料を加えておくのは、なめらかな卵液にするためです。卵白には水に溶けない性質のオボムシンというタンパク質が存在していて、塩が存在しない水中では析出します。つまり、だし汁だけで塩が入っていないと、不溶化したオボムシンがふわふわっと浮いてきてしまうのです。また、希釈卵液は必ず布巾を使用して漉《こ》します。新鮮な卵に残っている、卵黄の両端のひも状のカラザを除き、濃厚卵白をしっかりと漉し切って使うためです。

次は温度です。急激に加熱すると、外側の卵液だけが早く凝固して、中心部は凝固しません。そのまま加熱を続けると、卵タンパク質の熱凝固が過度に促進され、溶存性気体の気泡の中に、周囲の水分からできた水蒸気が入り込んで気泡を広げるので、す立ちが起こります。これを避けるには、八五～九〇度で蒸すことです。最初の一～二分は強火で、次の一五～二〇分間は弱火加熱にすることで、温度の上がり過ぎが防げます。九〇度以上にすると水蒸気が発生しやすいので、す立ちが起こってしまいます。実験的に脱気すると気泡がなくなり、〝す〟は立ちません。

カスタードプディングの場合は、型から出してもくずれない硬さが必要なため、二～三倍の牛乳を加え、オーブンで焼いたり、蒸し器で蒸したりして加熱します。卵を希釈する牛乳は温めておき、オーブンで焼くときは、急激な加熱を避けるために、容器の底から三分の一が浸るくらいの熱湯を張ったバットの中で、蒸し焼きにします。一六〇度で四〇分を目安として、竹串を使用して凝固を確認し、冷やしてから型から出すとくずれません。

（木戸詔子）

色で中心が白色の黄身返し卵ができました。約200年ぶりの「黄身返し卵」の再現となったわけです。

実際に江戸時代後期には「黄身返し卵」が売られていたようです。現在のように大規模養鶏ではなく、庭先で雄と雌のニワトリが飼育されていた時代です。有精卵が普通で、集卵が少し遅れると３～４日孵化卵も混ざっていたのでしょう。

卵売りが卵を入れたザルを天秤棒に吊るし、江戸の町で売り歩いている間に、揺られて卵黄膜が破れ黄身と白身が逆転する。町民がそれを買ってゆでてみると黄身返しになっていたなんて、黄身返し卵発祥の楽しい推測をしています。　（八田一）

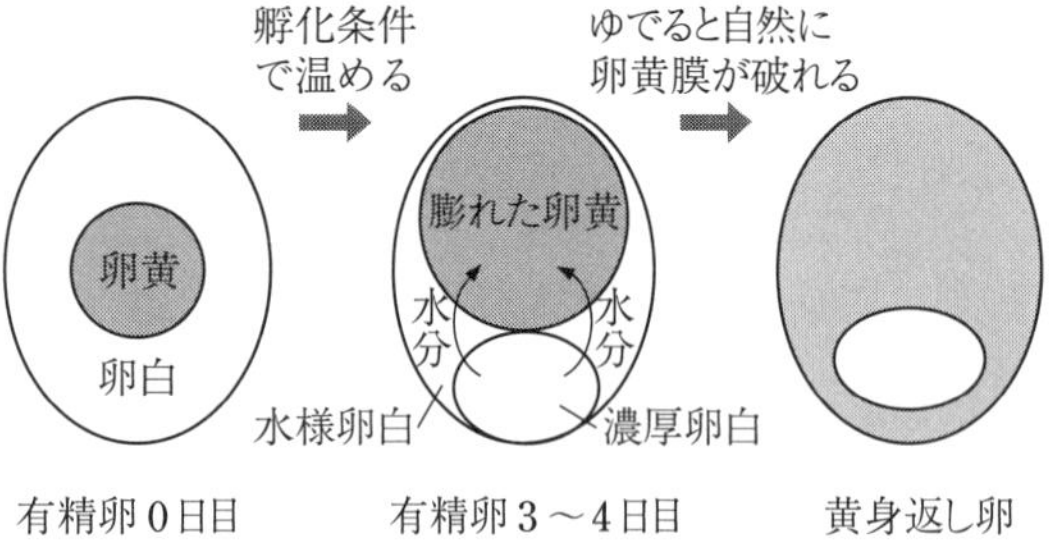

黄身返し卵のできる理由

コラム

黄身返し卵の再現

「地卵の新しきを、針にて頭の方へ、一寸ばかり穴をあけ、糠味噌へ三日ほどつけおきて煎貫にすれば中身の黄身が外へなり白身が中へ入りて、これを黄身返し卵といふ」

これは、江戸時代後期（1756年）に書かれた『万宝料理秘密箱』という書物の一節です。この書物には103種類の卵料理が紹介された「卵百珍」という章があり、そこに「黄身返し卵」という卵料理が紹介されています。黄身返し卵とはその名の通り、黄身と白身が逆さになっているふしぎなゆで卵で、「卵百珍」の中で唯一再現されていない卵料理です。

私は「黄身返し卵」の再現をめざして、その作り方を研究しました。まず、江戸時代のことですから「地卵の新しき」はひよこにかえる有精卵であったろうと考えました。

「針にて頭の方へ、一寸ばかり穴をあけ」は卵黄膜を破ること、また、「糠味噌へ三日ほどつけおき」は有精卵を温めて孵化を進めると解釈し、温度37℃、湿度80％の孵化条件で有精卵を温めて、その卵の中での卵白と卵黄の変化を調べました。

その結果、有精卵の中では、3～4日目に劇的な変化が起こっていました。卵白の水分とタンパク質が卵黄膜を通過して卵黄へ移り、卵黄は約2倍に膨れて水分が多くなっていたのです。また、水分を取られた卵白は約半分の重量になり濃厚卵白がより硬くなって濃厚化しました（図）。すなわち、卵黄と卵白の重量と粘度が逆転したのです。

この卵は卵黄膜が弱く、ゆでると自然に卵黄膜が破れて、水様化した卵黄が濃厚化した卵白を包みこんで固まり、外側が黄

コラム

牛乳のラムスデン現象

牛乳を60℃以上にすると、牛乳中の乳清タンパク質であるラクトアルブミンやラクトグロブリンが熱変性し始めます。そして70℃以上になると、これらが比重の軽い脂肪や無機質を巻き込みながら浮上して、空気との接触面で皮膜ができるのです。これをラムスデン現象といいます。この皮膜には、水分を除くと70%以上も脂肪が含まれ、タンパク質は20～25%でラクトアルブミンやラクトグロブリンが主体です。

皮膜の形成は料理のなめらかさを欠くので、あまり喜ばれません。牛乳の温度を65℃以下に抑え、牛乳をゆるくかき混ぜながら加熱するとタンパク質の凝集が抑えられ、皮膜ができにくくなります。また、ソースやスープの仕上げにはバターを加えて空気との接触面を覆うと表面張力が低下し、タンパク質の凝集が抑えられて皮膜形成を防ぐことができます。

ところがモンゴルでは、牛乳または羊乳、山羊乳を混ぜたものを鉄鍋に入れ、弱火で加熱しながら泡立てたものを冷やすと表面にできる、薄いクリーム色の乳皮（ウルム：中国名の奶皮子）を食べています。これはタンパク質の皮膜の内側に脂肪を多く含み、クリームチーズのように食べたり、乾燥させてお茶うけにしたり、お茶に入れて乳茶として飲まれています。

なお、牛乳を加熱するとふきこぼれることがあります。これは、加熱中にできる水蒸気の泡によるものです。牛乳中のタンパク質は表面張力を下げるので、泡ができやすくなります。温度が上がると水蒸気の泡はさらに増え、また泡のまわりにタンパク質が膜を作るので、泡は消えにくくなり、盛り上がってふきこぼれるのです。（松本憲一）

第6章　野菜のおいしさを引き出す

63 青菜をゆでたあと、冷水にとるのはなぜ？

青菜類はクロロフィル（葉緑素）を含んでいるため緑色をしています。クロロフィルは脂溶性で、水には溶けません。さっとゆでると緑色が鮮やかになるのは、組織中の空気が追い出され透明度がよくなったり、温度が上がる途中、クロロフィラーゼという酵素の作用でクロロフィルがクロロフィリドになるためです。

長時間ゆでたり、煮汁を酸性にするとクロロフィル中のマグネシウムが離脱してフェオフィチンになるため、鮮やかな緑色ではなく緑褐色となります。さらに熱や酸処理を続けると黄褐色のフェオフォルバイドとなります。そのため、酢、醤油、味噌などの酸性溶液中で煮ると変色が著しくなるのです。変色を防ぐには、酢の物などは食べる直前に和えるほうがよいでしょう。

また、六〇度以下では変色しにくいため、汁物の青菜は汁の中でゆでるのではなく、あらかじめゆでたものを椀に盛っておいて汁を注ぐと緑色を保ちやすくなります。

青菜を色よくゆでるには、たっぷりのお湯（青菜の重量の約五～一〇倍）に湯の一パーセント程度の食塩を加え、沸騰させた中へ投入して短時間ゆで、ゆで上がったら冷水にとるか、手早く冷まします。熱いままで置いておくとゆですぎの状態に近くなり、変色しやすいからです。

このとき、湯の量が少ないと、青菜を入れたときに湯の温度が下がってしまい高温短時間加熱にならないので、たっぷりの湯を使うことが重要です。

また、食塩水中でゆでると、食塩のナトリウムがクロロフィル中のマグネシウムと置き換わり、多少変色が抑えられるという説があります。一方、一パーセント程度では効果がないという報告もあります。したがって、変色には食塩の添加より、ゆですぎや酸性の影響の方が大きいと思われます。なお、食塩添加はビタミンCの酸化を抑制するという報告もあります。

アクが少ない軟らかい葉菜類（白菜など）には、洗ったまま鍋に入れて蒸しゆでにしてもよいものがあります。この方法では、甘味やうま味成分、ビタミンなどの損失が抑えられます。

ところで、アルカリ性の液中で加熱すると、クロロフィルは水溶性のクロロフィリンとなって鮮やかな緑色になります。この性質を利用して、ワラビ、ヨモギのようなアクの強い山菜類を重曹液中でゆでると、緑色が鮮やかになり、また軟化しやすくなります。重曹には、ワラビに含まれる発がん性物質を除去する働きがあるともいわれています。

しかし、アルカリ性では細胞同士を接着しているペクチンが分解するため軟化しすぎたり、ビタミンB_1やビタミンB_2、ビタミンCの損失が大きいため、青菜類をゆでる際には重曹を用いない方がよいでしょう。

（渕上倫子）

64

キュウリの薄切りに塩をふると水が出てくるのはなぜ?

キュウリの薄切りやキャベツの千切りに塩をふって全体を混ぜると、そのままそっとおいてもしばらくすると水がにじみ出てきます。キュウリには九五パーセントも水分が含まれていますが、出てくる「水」には、じつは細胞液も含まれているのです。キュウリから出てきた水が透明ではなく緑っぽいことからも、出てくるのが水だけでなく、水に溶けている成分も一緒であることがわかります。なぜ生のときは時間をおいても細胞液が出てこないのに、塩をふると時間とともに細胞液が出てくるのでしょうか?

キュウリやキャベツに限らず植物、動物ともに生きているものはみな細胞からなり、細胞は細胞膜という膜で細胞の中身が外に出ないように保護され、さらに外皮で保護されています。生の野菜を水に浸けても細胞の中身が外に出ることはありません。しかし、切り口の表面から成分の一部が出ていくことはあります。

つまり、細胞が損傷を受けていない限り、水に浸けても中の細胞液が出ていくことはありませんが、外から水が入ってくることはあります。細胞の中の浸透圧が高いときは、水が細胞の中に入ってきて細胞内の濃度を薄めようとする力が働くからです。これは細胞膜が、水は通すが、水に溶けている物質は非常に通しにくいという性質（半透性）を持っていることによります。

細胞の中にはいろいろな成分が溶けており、食塩であれば〇・八五パーセント溶液に相当する浸透圧を持っています。細胞の中より水の方が浸透圧が低いので、生野菜を水に浸けると水が野菜の細胞の中に入ってきて、細胞がパンパンになるのでパリッとするのです。

外側の液体が食塩水の場合はどうかというと、食塩が〇・八五パーセント以上の濃度であれば外側の方が細胞内より浸透圧が高いので、細胞の中から水が外側に出ていきます。細胞から水が出ていくと細胞内の原形質が収縮し、ついには原形質の膜からの分離が起こります。細胞にとってこの原形質分離は細胞の死を意味し、細胞膜の機能、すなわち半透性はなくなります。その結果、細胞液が外に出ていき、しんなりとします。

外側の食塩濃度が高いほど細胞の内側と外側との浸透圧の差が大きくなり、細胞から出ていく水の量は多くなります。そして、細胞膜の半透性がなくなり、そのあとは拡散により、それぞれの成分の濃度差に応じて成分が移動します。

塩をふったキュウリの例でいうと、細胞膜の機能がなくなるまでは細胞から水が引き出され、細胞膜の半透性（項目69も参照）がなくなると種々の成分が溶けた細胞液が外に出ていってしんなりします。酢の物にするとき、薄切りのキュウリを塩もみ後に合わせ酢に浸けるのは、細胞膜の半透性をなくして調味料の成分をしみ込ませるためです。

（香西みどり）

65 キュウリをピクルスにすると、茶色っぽく変色するのはなぜ？

キュウリのピクルスは黄褐色をしています。生のキュウリの皮には、緑色のクロロフィル（葉緑素）という色素がありますので緑色です。この色素は脂溶性ですが、酸性の液に入れるとフェオフィチンに変化し、茶色っぽくなります。また、キュウリ以外の緑色の野菜であるホウレンソウやピーマンは、長時間ゆでたり、酢、醤油、味噌など酸性の調味料を加えると色が変わります。

キュウリのピクルスは漬け液に酢を用いますので、本来の緑色が茶色っぽく変化します。また、キュウリを長く塩漬けしておくと乳酸発酵が起こります。すると乳酸菌から生成される乳酸で漬け液が酸性になるので、キュウリの皮の色は酢に漬けたときと同様に茶色っぽく変化します。酢や醤油、味噌などが酸性であるのは、これらの食品に含まれている有機酸のためです。有機酸の種類は食品の種類によって異なり、食酢中には酢酸が、醤油や味噌には乳酸が含まれています。

一方、ニンジンのピクルスは色が変わりません。ニンジンの赤い色はカロテノイドという色素ですが、この色素は、熱にも、酸やアルカリにも比較的安定なので、長時間ゆでても、酢や醬油、味噌などで調味しても変色しないのです。しかし、光に当たると分解して退色することもあります。カロテノイドも水に溶けず、脂溶性なので、油脂を用いて調理すると吸収がよくなるともいわれています。

このように野菜の色素には、酸性かアルカリ性かのpHによって色の変化が見られるものと、ほとんど変化がないものがあるのです。

キュウリのピクルスは家庭で簡単に作れます。まずキュウリに塩をふって板ずりし、にじんできた余分な水分をふき取ります。このキュウリを適当に切ってガラス容器に詰め、そこに漬け液を口元までいっぱいに入れ、蓋をします。五日目くらいから食べられるようになります。

漬け液は、酢一カップに対して砂糖三分の一カップ、塩小さじ一の割合で混ぜた調味液に、ベイリーフやパセリ、シナモン、ナツメグ、クローブ、黒胡椒、唐辛子などの香辛料を加え、ひと煮立ちさせて冷ましておいたものを使います。ガラス容器と蓋は三〜五分間くらい、煮沸消毒しておきます。

なお、本式には、キュウリを三〜四ヵ月塩漬けし、乳酸発酵させて作るものもあります。家庭的な作り方でも、本式な作り方でも、キュウリの色は緑色から次第に茶色っぽくなっていきます。

（品川弘子）

66 タマネギを炒めると、なぜ甘くなるの？

タマネギは、水にさらしてサラダに使ったり、シチューやスープなどの具にしたり、オニオンリングやかき揚げのような揚げ物にするなど、さまざまな料理の具材として使われています。とくに、千切りやみじん切りのように細かく刻んでからよく炒めたタマネギをソースや挽き肉料理などに使うと独特の甘味が加わり、料理全体がまろやかで豊かな風味になります。

なぜ、炒めたタマネギは甘くなるのでしょう？

一九〇〇年代半ばからしばらくの間は、タマネギに含まれるアリルスルフィドからできたプロピルメルカプタンに強い甘味があると考えられていたのですが、残念ながら、あとでこの物質は甘くないことがわかり、この説は否定されてしまいました。

その後、タマネギの糖含量が加熱中に増加しているのではないかと考えられ、加熱タマネギの糖含量を測定してみたところ、あいにく、いずれの糖の含量も減りこそすれ増えないことがわかりました。ただ、加熱している間にタマネギの水分はどんどん蒸発しますので、実質的にはタマネギ中の糖が濃縮されます。二〇分以上炒めると三～四倍に濃縮されるとの報告もあります。この糖の濃縮が、加熱したタマネギでは甘味を強く感じる一因であると考えられます。

しかし、加熱によるタマネギの甘味の強さの変化は、これだけではうまく説明できません。ほかに、次のような原因が考えられています。まず、加熱によってタマネギの組織が破壊されて、含まれている糖が外に出やすくなるため、甘味を強く感じるようになるということがあります。また、生タマネギでは特有の強い刺激臭や辛味成分が甘味をマスクしてしまっていますが、タマネギを加熱すると、これらの成分が分解・揮発して、マスクがとれ甘味が感じられるようになるのかもしれません。

さらに、加熱中にタマネギに含まれる糖から生成される、甘い香りのフラン類の影響も考えられます。口の中では、しばしば味の認識が香りの影響を受けますので、フラン類特有の甘い香りによって、甘味がより強く感じられるというわけです。また、タマネギを加熱したときに生成されるシクロアリインは、うま味成分があると「こく味」（風味の持続性や広がり）を生じることが報告されています。タマネギには、もともとうま味成分のグルタミン酸が含まれており、これも糖と同じく炒めると濃縮されます。このようなこく味物質の影響で、加熱されたタマネギの甘味が豊かに感じられるのかもしれません。

現在のところ、以上のようなことが総合的に関わって、加熱したタマネギが甘くなると考えられます。もちろん、これから研究が進んで、加熱したタマネギから「新しい甘味物質、発見！」となる可能性もあります。


（真部真里子）

67 野菜スープはなぜ甘いの？

ニンジン、タマネギ、セロリ、ジャガイモ、カブ、キャベツ、トマトなど家庭の常備野菜を食べやすい大きさに切ってから煮込んで作る野菜スープは、簡単にできて、しかも野菜の味や香りを楽しめる一品ですね。

野菜スープに甘味が感じられるのは、基本的には野菜が持っているショ糖やブドウ糖、果糖などの糖類が水に溶け出すことによります。野菜類に甘い糖類が含まれているのは意外かもしれませんが、たとえば、野菜スープの主要な材料であるニンジンには、ショ糖が二〜三パーセント前後、ブドウ糖などの還元糖が四パーセント前後含まれています。

タマネギは生のままでは辛味や刺激的なにおいがあって、甘味は感じられませんが、五〜七パーセント程度の糖が含まれています。野菜スープを作る際、タマネギをはじめに植物油やバターで炒める操作をすると、タマネギ中の糖やアミノ酸が分解・反応して甘く香ばしい香りが生成し、タマネギの甘さが増強されたように感じられます。

セロリは、スープ、ポトフや煮込み料理に用いるとおいしさが向上する、こくをもたらすということで、スープの調製には欠かせない材料です。最近の研究で、セロリを煮るとスパイシーな青臭さのあるにおいが弱まり、深み、まろやかさや野菜の甘さが強まること、また、フタライド類というセロリを煮たときのにおい成分は、セロリのにおいが感じられない程度の濃度でチキンブロス（鶏の骨と肉で作ったスープ）の臭みを抑え、甘味やうま味を増強させることが明らかにされました。加熱した野菜のにおい成分も甘味、うま味やこくに影響しているわけです。

野菜にはグルタミン酸、アスパラギン酸やアラニンなど、うま味や甘味を示すアミノ酸も含まれています。とくに、ニンジン、タマネギ、ジャガイモ、トマトはグルタミン酸が多く、野菜のアミノ酸類がスープに溶け出すことにより、スープにまろやかな風味を与え、おいしさに貢献しています。

野菜スープの代表、ミネストローネ

野菜のほかに、ベーコンや鶏肉などの動物性材料を加えれば、アミノ酸類だけでなくイノシン酸も加わり、うま味の相乗効果が期待できます。動物性材料に含まれる脂や、前述のタマネギを炒めたときの油脂も、スープの甘味やうま味を豊かにしていると考えられます。

（時友裕紀子）

68 マッシュポテトはなぜ、ジャガイモが熱いうちに裏ごしするの？

おいしいマッシュポテトは、食べると口の中でイモがさらっと広がる感じで、べたっと粘ることはありません。イモが熱いうちに裏ごしするのは、この粘りを出さないためです。イモを加熱すると、含まれているデンプンは糊化して粘りを持つようになりますが、その糊化デンプンは細胞の中に入っているので、細胞から流出しない限りは裏ごししたイモが粘ることはありません。

生のイモの細胞は互いに密着した構造ですが、イモを加熱すると細胞間にあるペクチンが水溶化して流動性を持つようになります。イモが熱いうちはこのペクチンの流動性があるので、裏ごしすると細胞同士が離れやすく、容易に裏ごしができるのです。つまり、熱いうちに裏ごししたイモは細胞の中に糊化デンプンが閉じ込められたままで、細胞単位でバラバラになりやすいので、粘りのない軽い口当たりのものになります。

一方、加熱したイモが冷めるとペクチンの流動性がなくなり、細胞同士が離れにくくなるので、イモは硬くなり、力を入れて裏ごししようとすると細胞を傷つけ、細胞膜の破れた部分から糊化したデンプンが流出して、イモが粘るようになってしまうのです。

ただし、イモの種類や状態でも裏ごしのしやすさは違ってきます。男爵イモや農林一号など粉質のイモや、収穫後しばらく保存したイモは、細胞間にある物質が水溶化しやすいペクチンなので分離しやすく、裏ごしも容易です。それに対して収穫したての新じゃがでは、細胞間の物質は加熱しても水溶化しにくいプロトペクチンであり、裏ごしにはあまり向きませんし、メークインは粘質のイモで細胞が分離しにくい特徴があります。

裏ごししたイモは、そのあとほかの材料を加えて仕上げる際にも粘りを出さないように、つまり練らないように気をつけます。ただし、スープなどにするときは、多少粘りが出た方がなめらかな口当たりになるので、少し練ってもよいでしょう。

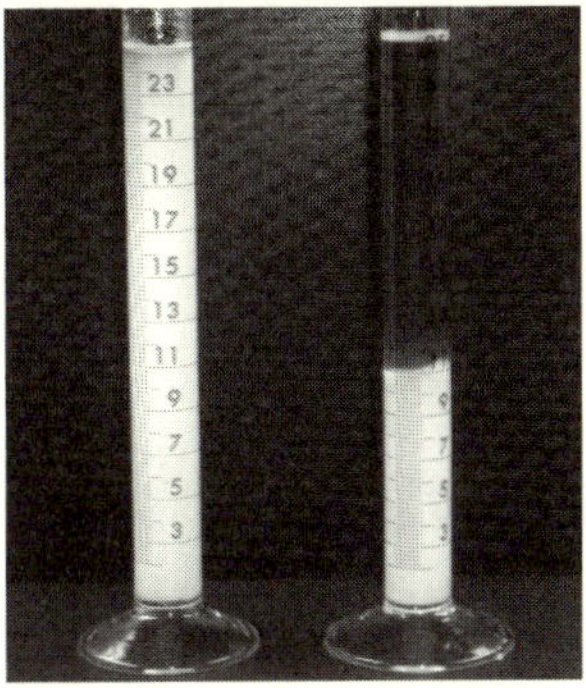

水に糊化デンプンが流出した裏ごしイモ（左）と、水と分離しているマッシュポテト（右）

写真は、裏ごししたイモと水を混合し、放置したものです。右はイモの細胞単位で分離し、糊化デンプンは流出していないもので、左は裏ごしイモを練って、糊化デンプンを流出させたものです。イモが細胞単位に分離していると、きれいに水と分離しています。左のようなものはスープにすると、なめらかに感じるかもしれませんが、マッシュポテトでは粘りのある重い口当たりになってしまいます。

（久木野睦子）

69 「ジャガイモの梨もどき」ってなに？

ジャガイモを細い千切りにして、熱湯に数秒間くぐらせたあと、熱いうちに調味液に浸けたものを、歯ざわりが果物の梨のようにしゃりしゃりとしているので「梨もどき」といいます。おいしく仕上げるには、ジャガイモをできるだけ細い千切りにすることと、ゆでるときは数秒の短時間にすることがコツです。調味液としては合わせ酢、酢醤油などがよく使われます。

なぜジャガイモが梨のようにしゃりしゃりするのかというと、さっとしか火が通っていないからです。野菜は加熱によって軟らかくなる（軟化）だけでなく、硬くもなります（硬化）が、それぞれ顕著に起こる温度の範囲があります。これは野菜や果物など、植物性食品にみられる共通の現象です。

硬化の程度は野菜の種類によって異なります。ダイコンは比較的その変化が明瞭に認められる野菜なので、例として実際に硬さを測った図を示しました。加熱中、野菜の内部では軟化しようとする反応と、硬化しようとする反応とが同時に起こっており、温度によってどちらかの反応が強く現れます。図から、八〇度以上でしばらく加熱すると軟化することがわかります。この温度

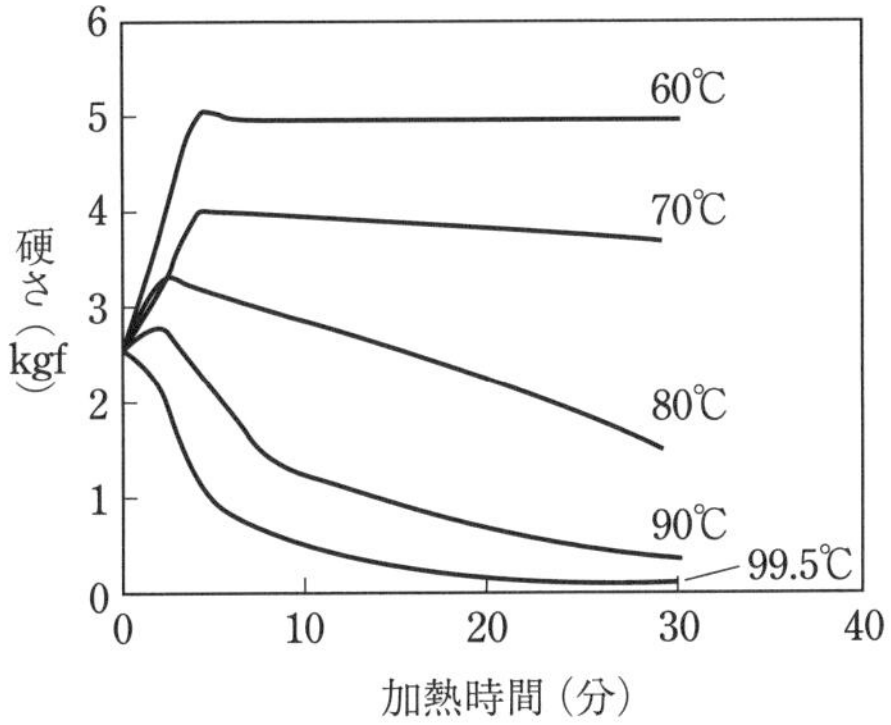

加熱によるダイコンの硬さの変化

帯では硬化より軟化の反応の方が強く現れるので、結果として軟化しているようにみえるのです。このように高い温度で観察される軟化を正確に表現すると「みかけの軟化」ということになります。

硬化が起こる温度範囲としては五〇～八〇度くらいですが、とくに六〇～七〇度で顕著になり、図に示すように、六〇～七〇度の一定温度で加熱すると生のときよりも硬くなります。七〇度では加熱時間が短いときは明らかに硬化していますが、加熱時間が長くなると少しずつ軟化が進んでいるようすがわかります。これは加熱時間が長くなると、硬化より軟化の影響が強くなってくるからです。さらに、八〇度以上になると明らかに硬化より軟化のほうが優勢になります。軟化は、温度が高いほど速やかに起こるのです。

ジャガイモの梨もどきは細い千切りを数秒間加熱しただけなので、内部温度は硬化が起こる温度範囲（五〇～八〇度）にとどまり、軟化はまだほとんど起こっていないため、硬化の状態にあり、しゃりしゃりとすると考えられます。

また、五〇~八〇度では、細胞膜の機能である半透性が低下し、調味液がしみ込みやすくなります。半透性とは、一般に、水は通すが水に溶けている物質は通さない性質をさしています。ただし、分子量が小さい物質においてはわずかに通るものもあります。この膜の半透性は生きた細胞にとっては非常に重要な性質で、これがあるために、生の野菜をそのまま調味液に浸けても調味料の成分がなかなか野菜の中に入っていかないのです。

しかし、五〇度以上になると細胞膜の半透性が失われる結果、調味料の成分が中に入っていくようになります。調味液中の方が野菜の細胞中よりも浸透圧が高いので、濃度差がなくなるまで野菜の中に調味料の成分が入っていくわけです。

ちなみに植物では細胞膜の外側に細胞壁がありますが、これにはもともと半透性の機能はありません。硬化に関係しているのは細胞と細胞の間にあるペクチンです。

以上の通り、ジャガイモの梨もどきでは、ジャガイモの細い千切りを熱湯に数秒間くぐらすことで硬化が起こり、しゃきっと生のテクスチャーに近い状態でいながら、細胞膜が熱によって変化したことで調味料の成分がしみ込みやすくなっていると考えられます。すなわち、テクスチャーと味の両面からおいしさに寄与する独特な調理法といえるでしょう。

(香西みどり)

コラム

ジャガイモのスフレ

スフレとはフランス語で「膨らませた」という意味です。ジャガイモのスフレは、薄切りにしたジャガイモを低温の油で揚げたあと、再度高温の油で揚げたもので、中が空洞となって膨らんでいます。

揚げるイモの厚さは３～５㎜程度がよく、１度目の加熱は120℃程度で約10分間揚げ、10秒間油切りしたあと、２度目の加熱として170℃程度で約１分間揚げるとうまく膨らむとされています。

ジャガイモは水分が約80％あるので、加熱によりそれ自体で糊化します。低温での第一次加熱では脱水とともに糊化が起こり、かつ細胞と細胞の間にあるペクチンも加熱で流動化します。120℃の低温で揚げるので、このときはジャガイモはまだ揚げ色がついていません。

高温での第二次加熱のときジャガイモに揚げ色がつきますが、このときジャガイモ内部の水分はごく短時間で水蒸気となって内部の蒸気圧を高めます。それに伴いジャガイモは膨張し、外側の皮が全体をつつんで膨らんだ形となります。膨らみ方が不均一だったり、外皮の強度が弱かったりすると全体に膨らんだ形とはなりません。

ジャガイモのスフレを成功させるには、前述の温度と時間のほか、切ったジャガイモを水に浸けずに、水気をふき取って揚げる、第一次加熱で温度が115℃より下がらないようにするなどがポイントです。　（香西みどり）

70 サトイモを煮るときのふきこぼれを防ぐには？

サトイモを煮るときは、ふきこぼれて掃除が大変になることが多いですね。サトイモには糖タンパク質からなる粘質物が含まれています。この粘質物が煮汁に溶け出して、ふきこぼれの原因となっているのです。

一方で、この粘質物はサトイモ独特のなめらかな口当たりに貢献しています。サトイモを薄切りにして水に長時間浸け、粘質物を溶出させてからゆでると、口当たりが悪くなります。そのため、この粘質物の溶出をできるだけ抑えることがおいしく調理するコツとなります。そこで、皮をむいたイモを煮るときに粘質物の溶出を抑え、かつふきこぼれを防ぐ方法として、一般的に、あらかじめ加熱してイモ表面のデンプンを糊化させる方法がとられます。

予備加熱として炒めたり揚げたりすると、煮汁は粘りませんが茶褐色となります。蒸すと、押し出された粘質物が取れにくく、煮汁の粘りを高めます。ゆでたあと、水洗いして表面の粘質物を除く方法が、煮汁の粘り、泡立ち、色からみてもっとも一般的な処理法です。すなわち、皮をむいて切ったサトイモをすぐに熱湯に入れて表面のデンプンを糊化させます。水中に入れるより粘質物の溶出を抑えることができます。長時間ゆでるとしだいに粘度が増すので、沸騰して二分くらいでゆでこぼし、表面の粘質物を洗い落として煮ると、煮汁はあまり濁りません。

ゆで水として、一パーセント食塩水、五パーセント食酢水、一パーセントミョウバン水、一パーセント重曹水を用いると、煮汁は水ゆでしたものより粘らないためふきこぼれにくくなります。酢水、ミョウバン水では煮汁のpHが低下し酸性になるため、イモの細胞間物質のペクチンが分解しにくく、水ゆでしたイモより硬くなります。食酢五パーセント以下、ミョウバン〇・三パーセント以下の使用量であれば食味も損なわれないので、長時間煮込むおでんなどの煮くずれ防止によいでしょう。また、アルカリ性の煮汁では煮くずれを起こすため、重曹添加は実用的ではありません。

サトイモは短時間で煮えるので、最初から煮汁に食塩、醬油、味噌などの調味料を加えておくと、煮汁の粘性が増さないうちに煮えてゆでこぼしの必要がなく、イモの持ち味が生かせます。

皮を厚くむくことにより粘質物が溶け出しやすくなるので、包丁で皮をむかない方法もふきこぼれ防止策となります。すなわち、よく洗って皮つきのまま熱湯で三分ゆでて冷ますと、きぬかつぎのように手で簡単に皮がむけ、ふきこぼれが抑えられます。また、皮をむかずにアルミ箔を丸めたもので硬い外側の皮だけをこすり取り、イモの周囲の皮層部分を残すとサトイモの風味が保たれます。

（渕上倫子）

71 石焼き芋が甘いのはなぜ？

サツマイモは、加熱することにより甘味が増します。煮る、蒸す、焼くなど、いずれの加熱方法によっても甘味は増加しますが、加熱方法によって、できあがりのサツマイモの糖度（甘味）が異なり、時間をかけてゆっくり加熱した石焼き芋が甘いといわれます。これは、なぜなのでしょうか？

サツマイモには、強力な糖化酵素であるβ‐アミラーゼが多く含まれており、加熱するとデンプンを甘味のもとである麦芽糖（マルトース）単位に切断するため、甘味が増します。

一般にこの酵素は生のデンプンには作用しにくく、五五〜六五度でもっともマルトースが増加します。この温度帯を長く保つように、温度上昇を緩慢にして加熱すると、加熱中に酵素作用が進んでサツマイモは甘くなります。蒸し器やオーブンで加熱したサツマイモが甘いのはこのためです。

サツマイモは丸のまま、あるいは大切りにした方が栄養分の損失が少なく、加熱時間も長くなるため酵素がよく働き、マルトースが多く生成して甘くなります。石焼き芋が甘くておいしいの

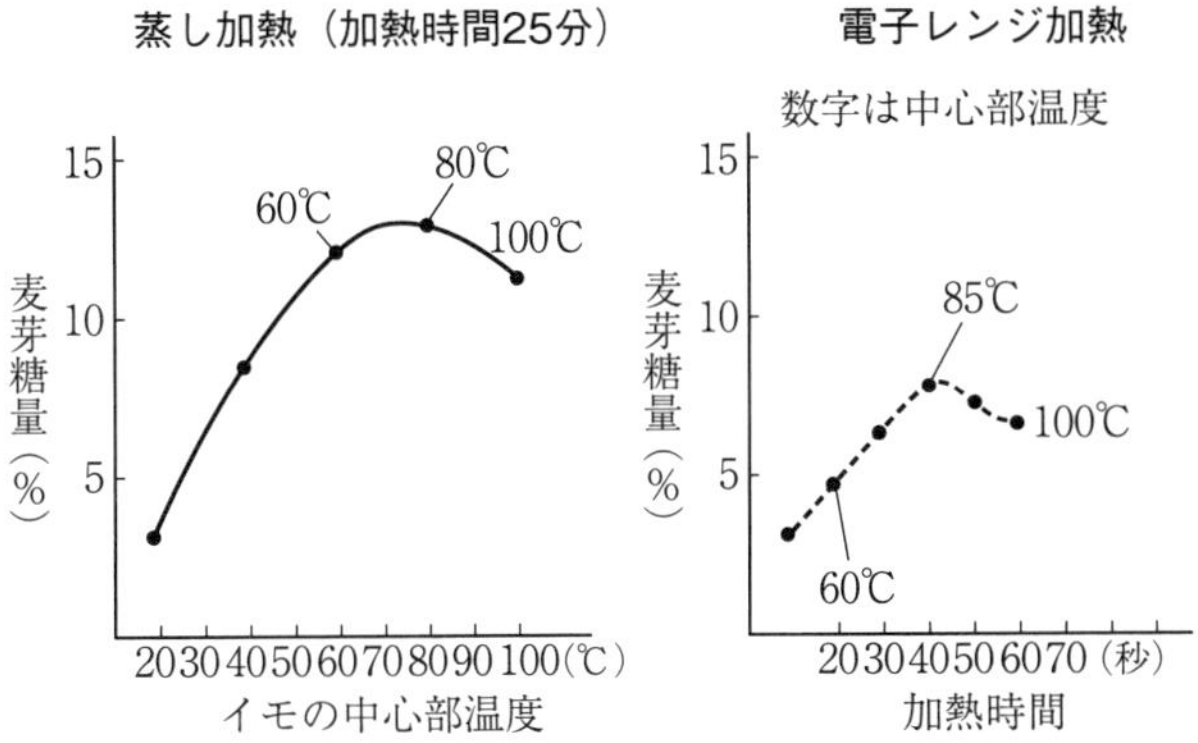

サツマイモの加熱方法と麦芽糖量

松元文子ら「家政学雑誌」（1965）より作成

は、大切りのサツマイモを使っていることと、高温の石を熱源として間接的に加熱するため温度上昇が緩やかなことから、β-アミラーゼの活性が長く持続され、マルトースの生成量が多くなるためといえます。さらに、表面の水分が減少し、味の濃縮が起こることも甘さの理由と考えられます。焦げの風味が加わることも、いっそう甘さを引き立てます。

また、サツマイモには最適温度が七〇〜七五度のα-アミラーゼも含まれていますが、こちらはデンプンをある程度短く切ったデキストリンを作ります。これはサツマイモのちょっとねっとりした口触りに影響するといわれています。

電子レンジ加熱は、きわめて短時間にサツマイモを軟化する効果はありますが、その温度上昇が急速であるために酵素による糖化作用の時間がとれません。マルトースが多く生成する前に酵素が失活するので甘味が出にくいのです。しかし、サツマイモの色は鮮やかに仕上がります。

そして、煮たサツマイモは、加熱時間が長くなると糖分が汁に溶出してしまうため、糖度が下がります。

なお、サツマイモにはビタミンCが多く含まれ、加熱後の残存率も高いことが認められています。また、食物繊維が豊富に含まれており、緩下成分ヤラピンとの併用効果で便通の改善や大腸がんの予防、さらに、ナトリウムを体外に排出する働きのあるカリウムも豊富なことから高血圧予防効果も期待されています。


（下坂智恵）

コラム

ゆでタケノコの白い固まり

掘りたての新鮮な若いタケノコは、軟らかくてアク（えぐ味）が少ないので、生食することができます。しかし、時間の経過とともに徐々に硬くなり、えぐ味も強くなりますので、ゆでてから用います。

このえぐ味の主成分は、ホモゲンチジン酸とシュウ酸カルシウムです。ホモゲンチジン酸はアミノ酸の一種であるチロシンの酸化物で、チロシンはタケノコに多く含まれ、結晶が析出しやすいものです。

タケノコをゆでるには、皮付きのものを米のとぎ汁か米ぬかを加えたたっぷりの水に入れ、静かに煮立つくらいの火加減で1時間程度加熱します。そのまま冷めるまでゆで汁に浸けておき、皮をむいて水にさらしてから食べます。皮付きのままゆでるのは、皮には還元性の亜硫酸塩が含まれ、これが繊維を軟化させたり、漂白する作用があるためです。

ところで、ゆでタケノコの表面に白い固まりが付着したり、タケノコの缶詰などに白い沈殿が生じたりすることがあります。

この白い固まりや沈殿は、タケノコに含まれているチロシンを主成分とし、ほかにペクチン、デンプンの老化したものも含まれています。ですから食べてもまったく問題はありません。

ただ、外観が少々気になるところですし、缶詰では、汁液に白濁が生じて品質が低下することがあります。

タケノコをゆでたあと、十分に水さらしを行うことで、こうした白い固まりや白濁が生じるのを防ぐことができます。

（酒向史代）

72

豆や乾物を煮るときに、まず水に浸けるのはなぜ？

豆類は水分が約一四〜一七パーセントと少ないため保存性が高く、皮は厚くてセルロース成分などの食物繊維が多いために、水を通しにくい性質があります。したがって短時間では吸水が難しく、加熱にも時間がかかります。加熱によって軟らかくするには、まず十分に吸水させることが大切です。加熱前に吸水させることで、熱も均一に伝わるのです。

吸水膨潤の速さは豆の形、大きさ、皮の厚さ、新しいかどうか、保存状態、そして浸漬《しんせき》液の温度や種類などに影響されます。たとえば、大豆と小豆では吸水させるときの温度が高いほど浸漬初期の吸水速度が速くなります。この影響は、吸水速度の遅い小豆でより顕著に認められます。大豆は表皮全体から吸水するのに対して、小豆は表皮が硬いので、はじめは小さな珠孔部の穴からわずかに吸水し、皮より先に内部の子葉が水を吸い膨らむのです。

ちなみに、小豆は表皮が硬いものの、内部はデンプンが多く、水を吸いやすいので、前もって吸水させることなく加熱します。

大豆を速く煮る方法には三つあります。一つ目は圧力鍋を用いることです。圧力鍋は一一〇〜

乾物名	戻したときの倍率	乾物名	戻したときの倍率
凍り豆腐	10.0	ゆば	4.0
ヒジキ	6.5	乾麺	3.0
切り干しダイコン	6.0	かずのこ	2.5
ハルサメ	6.0	豆類	2.0

乾物を戻したときの倍率（重量）

一二〇度ぐらいになるので短時間で軟らかくなります。二つ目は二パーセント程度の薄い食塩水に浸し、その液で煮る方法です。三つ目として、重曹水に浸し、そのまま加熱する方法があります。食塩も重曹も細胞壁のペクチンの鎖を切るので、速く軟らかくなるのです。重曹を多量に入れると風味が悪くなり、ビタミンB_1も失われるので濃度は〇・三パーセント程度にします。

調味する場合、一度に多量の調味液（砂糖など）を加えると子葉部から水を引き出し急激な脱水現象が起きて、豆が硬くなってしまいます。したがって、小豆、インゲン豆、エンドウ豆のようなデンプンの多い豆では軟らかく煮てから調味することが多いのです。

豆のほかにも、加熱前に吸水させる食品は多数あります。カンピョウ、キクラゲ、ヒジキ、干ししいたけ、寒天、ゼラチンなどの乾物を調理するときも、熱の伝わり方を均一にするために、必ず吸水させてから加熱します。

乾物については、吸水させるとどのぐらいに増えるかを知っておくと、材料や調味料をむだなく使うことができます（表）。（笠井八重子）

73 色つやのよい黒豆を煮るには？

食品や料理の色は、おいしさを演出する大切な要素の一つです。また、色は感知する味にも影響を及ぼします。たとえば赤いラベルのコーヒー缶がかたわらにある場合、黄色のラベル缶がある場合と比べて、同じコーヒーでも濃く感じられるのです。正月料理につきもののふっくらと色つやのよい黒豆、緑色鮮やかな野菜類、黒ずみのない白い酢ごぼうや酢ばすなどについても、調理の際に食材をどう扱えばよいか、さまざまな方法が経験的に試みられ、実験的に検証されてきました。

一般に、黒豆を煮るときには古釘を用いる方法が知られています。黒豆は大豆の一種で、皮が黒いことからこの名がありますが、この黒い皮に含まれる色素はアントシアンと呼ばれ、金属イオンと結合すると、色が濃くはっきりする性質を持っています。このことから、黒豆を鉄鍋で煮たり、古釘を布に包んで一緒に煮るとアントシアン鉄として安定し、黒色が保たれるのです。古い釘を使うのは、煮たときに新しい釘より鉄が溶出しやすいからと考えられます。

また、黒豆の煮汁にはクリサンテミンと呼ばれる水溶性のアントシアン系色素が溶け出して紫

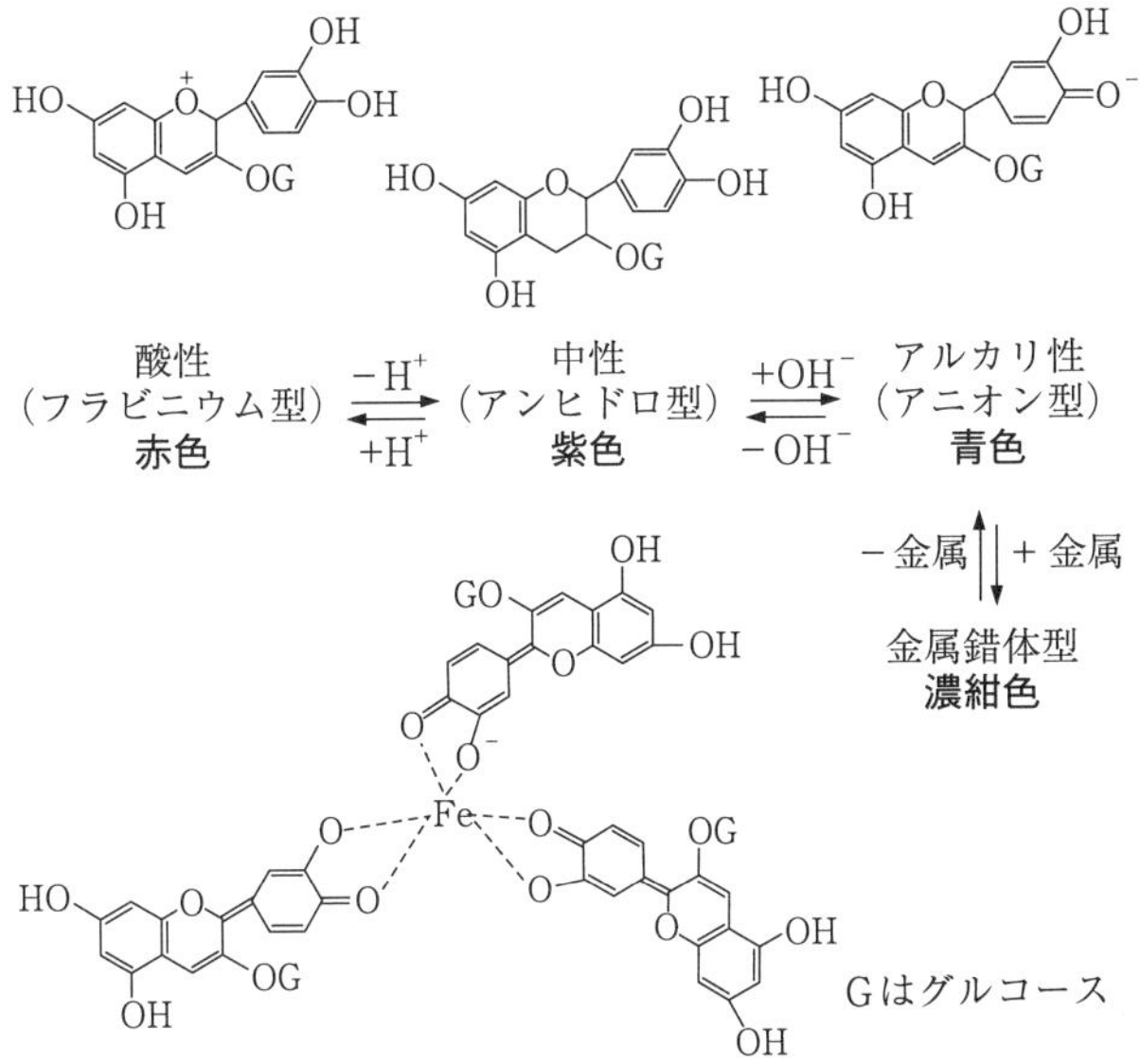

アントシアン色素の色の変化

鈴木・荒井 編『農芸化学の辞典』（朝倉書店、2003）より作成

色になりますが、この色素は酸性で赤く、アルカリ性で青や紫色になる性質を持っています。この特徴を利用すると、黒豆の煮汁にクエン酸などの酸を加えて鮮明な赤色の飲み物を作ることができます。とても色がきれいでさわやかな飲み物として、古くから一部の地域で愛飲されているということです。

さらに、アントシアン系色素はナス、赤ジソの葉、赤カブ、イチゴなどにも含まれています。たとえば、ナスのぬか漬けの場合に古釘をぬか床に加えて漬けるのは、黒豆の場合と同様の理由で、アントシアン系色素のナスニンが鉄イオンと結合して鮮やかな紫色のナスの漬物に仕上げられるからです。アルミニウム（ミョウバン）も、鉄と同様にアントシアン系色素を鮮明に保つ金属イオンとして使われることがありますが、これは古釘と違って、入れすぎると味が悪くなってしまいます。

通常、井戸水、水道水にもある程度の鉄イオンが溶けているので、必ず古釘を入れなければならないということもないようですが、青紫色を長く保持させるためには、酸化酵素の影響による退色や、クロロゲン酸という物質が空気に触れて褐変を起こし色調を損なうことを防ぐ必要があります。そのためにはアントシアン系色素を鉄イオンと結合させ、アントシアン鉄として安定させておくのがよいのです。

こうすれば、古漬けのナスでも、ぬか床に含まれる乳酸などによってナスニンが変色して赤みをおびたりするのをある程度避けることができます。

（笠井八重子）

74 梅干しが赤いのはなぜ?

梅干しは、梅のシソ漬けのことです。日本のたいていの家庭には今でも保存食として蓄えられているでしょう。酸っぱくて赤い梅干しは、日本独特の食品です。

梅干しが赤いのは、赤ジソの葉を入れてその色を移しているからです。梅をその重量の七~一〇パーセントの塩で塩漬けにすると水がにじみ出てきます。これは酸味が強く塩辛い液で、透明であり白梅酢といいます。二~三週間漬けてから赤ジソの葉(紫色)を塩もみして入れると、葉から出た濃い紫色の液は白梅酢と混ざって一瞬にして赤くなります。これを赤梅酢といい、ショウガやカブなどの漬物に使います。

赤ジソの葉の紫色の成分は、アントシアン系のシソニンという色素です。シソニンは、酸性では赤色、中性では茶色っぽい色で、アルカリ性では青色に変化します。前述の白梅酢にはクエン酸とリンゴ酸が含まれており、赤ジソのシソニンと出会うことで梅干しが赤くなるのです。

植物の紫や赤色にはアントシアン系の色素が含まれていることが多く、ナスはナスニン、イチゴはフラガリン、赤カブはシアニジンで、これらもpHによって色が変化します。

(下村道子)

第7章　味付けと調味料

75 「さしすせそ」に科学的根拠はあるの?

調味料の「さしすせそ」とは、それぞれ砂糖、塩、酢、醤油、味噌をさしています。また、この「さしすせそ」は調味料を入れる順番を表すといわれますが、なぜそのようにいわれているのでしょうか。

これらの調味料のうち酢、醤油、味噌はそれぞれ酸味や塩味のほかに香りがあります。香りの成分は揮発性であり、温度が高くなると蒸発します。これらの香りのある調味料は、その香りを損なわないために、加熱の最後に添加します。

さて、砂糖を塩より先に入れるのは、塩の方が砂糖より分子が小さいために先にしみ込み、砂糖のしみ込みを邪魔するからだといわれますが、本当なのでしょうか。

砂糖や塩を加熱しながら食品に添加すると、それぞれの分子は濃度の濃い方から薄い方に拡散していきます。調味料によって分子の拡散速度は異なり、砂糖より塩の速度は大きいため、塩は食品の内部に早く到達します。このように拡散速度が異なるために砂糖を塩よりも早く加えるのであり、塩が砂糖の拡散の邪魔をしているわけではありません。

また、調味料分子の拡散速度は温度が高い方が大きくなり、加熱しながら調味すると味が早くつきます。

しかし、調味料分子の拡散速度を決めるのは温度だけではありません。たとえば、生の野菜や肉の固まりのように、細胞膜が残っていて調味料分子の拡散に抵抗する場合や、調味料分子と食品分子の間で吸着が起きる場合、また加熱中に食品成分が凝固したり溶解したりする場合は拡散速度は小さくなります。

それに対して、固形食品内部で起きる水分の気化と凝縮で内部圧力が変化する場合などは、調味料分子の拡散速度は大きくなる可能性があります。よく「味は冷えるときにしみ込む」といわれるように、加熱直後より少しおいた方が味がしみ込んでいると感じることがあるのは、その例です。

調味料分子は加熱直後に拡散していくのかどうか、食塩とブドウ糖で実験した例があります。それによると、沸騰状態まで加熱したものを三〇度まで温度を下げると、食塩もブドウ糖も予測される拡散速度よりも大きい拡散速度で浸透していくということです。その理由は、沸騰状態まで食品が加熱されると食品内部で水の気化が起きるために、その後低温になったときに食品内部が陰圧になって外部溶液の吸引が起こり、予測される拡散速度以上の速度で食品内部に調味料が浸透するからと考えられています。

（石井克枝）

76 カレーは翌日食べる方がおいしく感じられるのはなぜ？

カレーは誰でも好きな食べ物の一つで、肉や野菜が含まれ、たくさんの香辛料とともに煮込んで作るため肉のうま味と野菜の甘味などが混じり合い、おいしい味を作り出しています。

もともとは、香辛料をたっぷり使った肉や野菜の炒め煮をご飯にかけたインドの料理がイギリスに伝わり、簡単に作るために多くの香辛料を混合したカレー粉が開発され、ルーにカレー粉を加えてカレールーができました。日本には明治初期にイギリス料理として伝わったようです。

さて、カレーは作ったときよりも、一日おいて次の日に食べるとよりおいしく感じられることがあります。専門店によってはカレーを前日に作っておくというところもあるようです。これはどうしてなのでしょうか。

カレーには肉の入っているものが多くありますが、肉は加熱により、核酸が分解されてうま味成分であるイノシン酸がスープの中に生成してきます。また、肉のタンパク質が分解されて生成するアミノ酸やペプチドがうま味を増強します。加えられる野菜では、まずタマネギの甘味やうま味がスープに溶け出してきます。さらに、ジャガイモは加熱されるとデンプンがスープの中に溶け出てきて、とろみのある口当たりを生み出します。

カレー粉は、色を主体にしたもの、辛味を主体にしたもの、香りを主体にしたものに大別され、多くの香辛料が使われています。色にはターメリック、ちんぴ、パプリカなど、辛味には唐辛子、芥子《からし》、ジンジャーなど、香りにはコリアンダー、クミン、フェンネル、カルダモン、ナツメグ、クローブ、シナモン、ディルなどが使われています。

カレーはこのようにたくさんの材料を煮込み、ルーでとろみをつけています。肉からはうま味のほか乳酸が出て酸味もあり、野菜の甘味、調味料として加えられた塩味や辛味が混ざり合っています。これらの味が加熱中に相互作用をして、カレーをよりコクのあるまろやかなおいしさにしていくのです。

一日カレーを寝かせることでおいしくなる理由は、明確にわかっているわけではありませんが、次のようなことが考えられます。食材からスープへ種々の成分が移行し、より濃厚な味になること、香辛料が加熱され、香りの成分が少し揮発していくことによって味への影響が変化すること、とろみのあるスープに甘味、塩味、酸味、うま味という味の成分が拡散して、それが肉、ジャガイモ、ニンジンの内部まで拡散し味が均一になることなどです。寝かせている間にスープの食塩濃度と肉、ジャガイモ、ニンジンの食塩濃度との差が小さくなるという研究もあります。

今では、香辛料を工夫したり、作り方にもさまざまなものがあり、とろみのあるものからないものまで、いろいろなカレーのレシピがあります。

（石井克枝）

77 味噌煮にすると魚の臭みが消えるのはなぜ？

周りを海に囲まれた島国に住む私たち日本人は、古来、さしみ、煮魚、焼き魚、フライなど、さまざまな魚介類の料理を楽しんできました。新鮮な魚のさしみもいいですが、日本が誇る伝統調味料である醤油や味噌を使った煮魚も、ご飯のおかずとして最高のものですね。

魚料理で非常に重要なポイントは、その生臭みの除き方です。味噌を使うことは生臭みの除き方としてたいへん優れた調理方法ですが、そのメカニズムを説明する前に、まずはさまざまな消臭方法について整理してみましょう。

消臭方法は、図に示すように四つに分類することができます。感覚的消臭は、悪臭を芳香でわかりにくくする方法で、香辛料や清酒の香りで魚臭をマスキングすることなどが代表例です。化学的消臭としては、アミン類やアンモニアなどの塩基性のにおいを酢で中和することなどが挙げられます。強いにおいを持つぬめりを洗い落とすことは、物理的消臭です。物理的消臭の身近な例として、ほかに冷蔵庫の脱臭剤（活性炭ににおいを吸着させる）が挙げられます。最後に、生物的消臭の例は、微生物の働きでにおい成分を分解するもので、乳酸菌が関与する馴れずしや麹菌がはたらく麹漬けなどがあります。

さて、魚の煮付けの調理操作にこれらの消臭方法を当てはめてみると、清酒、醤油、味噌などの調味料の香りによるマスキング（感覚的消臭）、調味料に含まれる有機酸によるにおい成分の中和（化学的消臭）、清酒やみりんに含まれるアルコール分が蒸発する際ににおい成分も一緒に飛ばしてしまう共沸作用（物理的消臭）が巧みに組み合わされていることがわかります。

消臭方法
- 感覚的消臭――マスキング
- 化学的消臭――加水分解反応、中和反応など
- 物理的消臭――吸着、吸収、共沸、洗浄など
- 生物的消臭――微生物作用、殺菌作用など

消臭方法の分類

さらに味噌煮の場合は、味噌中の微粒子が、におい成分を吸着するという非常に大きな働きをしてくれます。すなわち、魚を味噌煮にすることはたいへん理にかなった調理方法なのです。なかでも、サバの風味と味噌の香り・味の相性はたいへんよいことが知られています。なお、味噌煮は、サバのほか、イワシ、アジなど脂質の多い青背の魚全般に適した調理法です。

また、味噌は魚の漬け床としてもよく使われますが、この場合も、におい成分を吸着するとともに芳香で魚臭をマスキングするという、味噌の優れた消臭機能が発揮されます。

（河辺達也）

い、農家で作っていたやや特殊な味噌です。豆味噌は東海３県を主とする地域でおもに消費されており、米や麦の麹を使用せず、大豆に直接麹をはやし、６～12ヵ月間かけて作ります。色も濃く、濃厚な味わいがあります。

上記の味噌を混合したものを調合味噌といい、これらすべてを普通味噌と総称します。それに対し、加工味噌またはなめ味噌といわれるおかず的な味噌があります。金山寺味噌（醸造なめ味噌）や鉄火味噌、鯛味噌、ゆず味噌（加工なめ味噌）などです。

（今井悦子）

分類	種類	主な産地	特　徴
米味噌	仙台味噌	宮城	赤色辛口味噌。伊達政宗が軍糧用に貯蔵性のある味噌を作らせたことに始まります。塩なれしてうま味が強く、味の調和がとれています。
	信州味噌	長野	淡色辛口味噌。武田信玄が味噌造りを奨励したのが始まりとされます。わずかに発酵香があり、酸味とうま味が調和した風味が特徴の味噌です。
	関西白味噌	京都	白甘味噌。西京味噌の名前でよく知られています。着色を抑えるため、米は精米度を高くし、大豆は脱皮して蒸さずに煮ます。香りがよい味噌です。
豆味噌	東海豆味噌	愛知・岐阜・三重	赤辛味噌。味噌の原型とされ、三州味噌、八丁味噌などと呼ばれます。濃赤褐色で、独特の香り、濃厚なうま味と渋み、ほのかな苦味を持ちます。
	ねさし味噌	徳島	赤辛味噌。愛知から徳島に持ち込まれました。寝かすほどにうま味を増すので、「ねさし」といわれます。クセのある香りと奥深い味わいがあります。
麦味噌	長崎味噌	長崎・大分・福岡	淡色系味噌。麦味噌は約70％が九州地方で製造され、九州味噌ともいわれます。裸麦を高割合で用い、クセのないあっさりとした風味が特徴です。
	瀬戸内麦味噌	愛媛・山口・広島	淡色系味噌。四国麦味噌、伊予麦味噌などがあります。麹の割合が高いので麦独特の芳香と上品な甘味を持ち、うま味も濃厚な味噌です。

さまざまなご当地味噌

コラム

全国ご当地味噌

「手前味噌」という言葉があるように、かつては地方の多くの家庭には自家製味噌がありました。

味噌は大豆に麹と塩を加えて発酵させたもので、麹の原料により米味噌、麦味噌、豆味噌の３つに大別されます。生産量はほぼ、米味噌80%、麦味噌5%、豆味噌5%、その他10%です（2007年）。それぞれはさらに味や色で区別されますが、おもに、味は麹の割合と塩分濃度によって、色は大豆の処理方法や醸造期間によって、香味は醸造期間によって決まります。醸造中にエタノールを始めとする香気成分、糖の甘味、塩味、有機酸の酸味、アミノ酸のうま味が生成し、味噌のおいしさを作ります。

米味噌には、塩分が少なく、麹が多く、醸造期間が短い甘味噌、甘口味噌とその逆の辛口味噌があります。醸造期間が長い方が色は濃くなり、香味は濃厚でいっそう深みのあるものになります。食塩の割合は甘味噌５〜７%、甘口７〜12%、辛口11〜13%です。また麹歩合（大豆に対する麹の重量比率）は甘味噌15〜30、甘口８〜15、辛口５〜10、醸造期間は甘味噌５〜20日、甘口５〜20日または３〜６ヵ月、辛口２〜６ヵ月あるいは３〜12ヵ月となっています。

甘味噌の中でも、白味噌はとくに甘味が強く塩分が少なく、保存性はあまりありません。赤色の辛口が保存性があり、もっとも多く出回っています。それぞれ産地の地名のついた味噌があります。

麦味噌は食塩９〜12%、麹歩合は15〜25程度、醸造期間は１〜３ヵ月あるいは３〜12ヵ月で、別名田舎味噌ともい

78 魚を焼く前に塩をふっておくのはどうして?

魚を焼いて食べることが多いのは、独特の魚臭を感じられなくするためでしょう。アジやカレイに一パーセント程度の塩をふってから焼くと、ほどよい塩味がついておいしいです。魚のうま味成分はグルタミン酸などのアミノ酸類とイノシン酸などの核酸関連物質がおもなもので、これらと塩が一緒になるとうま味がいっそう強く感じられるようになります。

では、なぜ塩をふってしばらくおいてから焼くのでしょうか。一般の魚は焼く二〇分くらい前に塩をふっておくのが普通です。塩を加える目的は味をつけるだけではありません。しばらく置いておくことで塩が肉に浸透していき、魚の肉質を変化させるのです。

肉に含まれるタンパク質の中には、ミオシンとアクチンという筋肉を構成している成分があります。魚に塩を加えると、塩が肉の中に浸透してこのアクチンとミオシンが結合し、アクトミオシンという、粘性を持つ長い大きなタンパク質分子になります。そうすると魚肉は粘りが出て、串を刺してもくずれにくく、焼くときも扱いやすくなります。

なお、魚の肉は畜肉よりも軟らかくくずれやすい構造なので、なるべく動かさないように焼きます。とくに焼きはじめの四五〜五〇度のときは、魚肉の筋原線維タンパク質が変性して、筋形質タンパク質が固まっていないミディアムの状態なので、動かすとくずれやすいのです。

塩焼きでは、焼く直前に化粧塩といって、鰭《ひれ》や尾にたっぷりの塩をつけ、また皮の表面にも塩をふりますと、塩は焦げないので鰭や尾も形よく残り、皮の表面にも塩が浮き出て、おいしそうに見えます。

一般的に、魚には直接塩をふりますが、アユを焼くときは表面を和紙で覆い、少し紙が濡れてきたらその上から塩をふって（紙塩という）、すぐに焼きます。アユの肉は白くて軟らかいので、軟らかいままを食べるための工夫です。アユは高級な魚とされていますので、形よく焼けるように串を刺して（のぼり串、海魚はおどり串という）、一尾ずつくずれないように串を立てて焼きます。

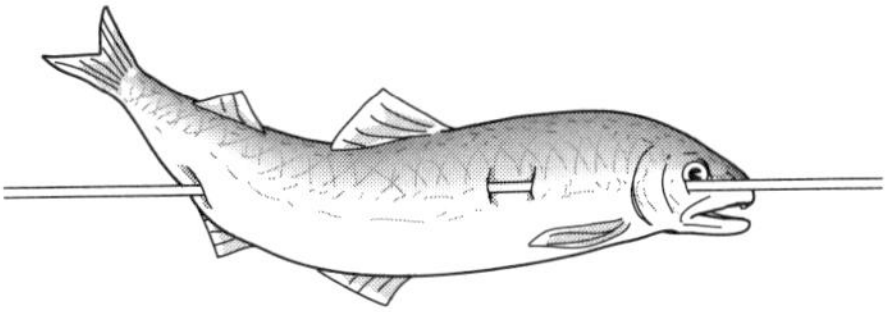
アユののぼり串

牛肉のステーキも焼く前に塩をふりますが、長くおくことはしません。畜肉は魚肉に比べて筋線維が長く、結合組織も多いので肉が硬いため、むしろ軟らかく焼きたいので、塩をふったら硬くならないうちに、すなわち塩が肉に浸透してアクトミオシンができないうちに焼くのです。

このように塩のふり方、ふってからの時間の調整で、魚肉や畜肉のそれぞれのおいしさを出しています。

（下村道子）

79 あら塩と精製塩、どう使い分ければいい？

「あら塩」に明確な定義はありませんが、一般的には、フレーク状の結晶を持ち、ガサガサとかさばった塩を「荒塩」、精製度が低く苦汁分《にがり》が多い凝集晶塩を「粗塩」といっているようです。精製塩との比較ですから、ここでは「粗塩」について記述すべきかと思いますが、精製塩を立方晶の普通の塩とし、荒塩、粗塩の三者を比較してみます。

物性面から見ますと、立方晶の精製塩はサラサラとしており、振り塩に向きます。漬物を作る場合は底に落ちやすい欠点がありますが、少し湿らせて用いると解決します。

一方、荒塩はガサガサとしているため振り塩には向きません。しかし、溶けやすいことから、酢の物やドレッシングを作るときに便利です。また、野菜などの表面になじみやすいために漬物に向きます。

粗塩は湿り気があるためにサラサラ度が低く、振り塩に向きませんが、焙煎（焼塩）によりサラサラにして使用する場合があります。荒塩と同様、漬物に向きます。販売されている塩によって見かけ比重（g／cm^3）に最大二倍ほどの開きがあるため、手に持った感覚で使うと、思ったよりも食塩濃度が低くなり腐敗につながる場合もあるので注意が必要です。

塩を直接なめたときの味は、結晶の大きさや溶ける速度に影響されますが、精製塩はくせのないさっぱりした味が楽しめます。一方、粗塩は塩化ナトリウムの結晶表面に塩化マグネシウムなどの苦汁成分が付着した構造をしていますから、まず苦味を感じ、次いで塩辛味を感じます。苦味が混じると丸みやうま味を感じるとされていますが、味のくせも出てきます。天ぷらを塩で食べたり、サラダに塩をふる、おむすびを握るなど、塩の形で口に入れる場合は特徴を生かすことができるでしょう。溶けた状態になると精製塩と粗塩を見分けることは難しいとの指摘もあり、淡泊な食品に使用したときに違いが出やすいのではないでしょうか。

ところで、高品質の淡口《うすくち》醤油は精製度の低い粗塩ではできないとされ、江戸時代から赤穂の真塩（精製度の高い塩）で作られてきました。苦汁成分の雑味が調理した素材の繊細な味やだし風味に悪影響を及ぼすからだと思われます。同様にマヨネーズ、バター、チーズや魚肉練り製品などの加工食品にはマグネシウムの雑味が問題になるとの意見があります。

粗塩の中には「ミネラルたっぷり」と記述している商品もありますが、使用量から考えると効果は期待できないといえるでしょう。

このように、荒塩、粗塩、精製塩それぞれの特徴を挙げることはできますが、調理するうえで代替できないほどの差ではありません。なお最近では、乾燥した塩に対して単に湿った塩を「あら塩」と呼ぶことも多いようです。

（牛尾公平）

80 煮物を作るときに入れるみりんは、どんな役割をしているの？

みりんは糖分を約四五パーセント、アルコール（エチルアルコール）を約一四パーセント含みますが、甘味としては砂糖の約三分の一です（236ページ参照）。砂糖はブドウ糖（グルコース）と果糖（フルクトース）が結合した二糖類ですから、それに比べるとアルコールの分子量は小さく、食品に速くしみ込みます。

また、みりんにはブドウ糖が二つ、三つ、あるいはそれ以上結合している糖分も含まれ、全体としておだやかな甘味を呈します。さらにアミノ酸や有機酸も含まれているため、隠し味として複雑な味をかもし出します。さらにみりんの糖分は、糖液の状態で食品の表面を覆い、きんとんや煮物などに好ましい照りやつやを与える役割もしているのです。

ところで、糖とアミノ酸を加熱したときに焦げ色や香りを生じる反応を一般にアミノカルボニル反応といいますが、みりんはブドウ糖が多く、アミノ酸があるとこの反応が進みやすいことが知られています。みりんの中にもアミノ酸は含まれていますし、醤油と一緒に加熱すると、醤油中のアミノ酸と反応して、食品に好ましい焦げ色や香ばしいにおいをつけるのです。うなぎの蒲焼きや焼き鳥の香ばしいにおいは、アミノカルボニル反応によるものです。

一方、アルコールは食品にしみ込みやすいので、煮物などにみりんを入れると、同時に存在する調味料も速くしみ込ませます。ですから、味を均一につけるのに役立ちます。

また、アルコールは水よりも沸点が低く、七八度ぐらいで沸騰します。加熱によってみりんに含まれるアルコールが揮発するとき、魚の煮付けに見られるように、嫌なにおいを同時に揮発させたり、アミノカルボニル反応による香ばしいにおいをつけたりして、食品の香りをよくします。アルコールには、煮くずれを防いだり、細菌やカビの増殖を抑える効果もあります。

ただし、みりんを一度にたくさん入れると肉や魚の身が締まって硬くなります。また、みりんを煮物に使う理由の一つである照りやつや付与の意味からも、必要量の何割かを最後に鍋に回し入れるのが上手な使い方です。

ところで、みりんは煮切って（加熱して大部分のアルコールを飛ばすこと）から使われることもあります。あまり加熱しない料理などでアルコールの味、においが残ると具合が悪い場合は、煮切りみりんが適します。

また、約半量になるまで完全に煮切ると独特の風味を持ったシロップ状になり、デザートなどに使ってもおもしろいものになります。ただし、みりんのアルコール分には上述のようにさまざまな調理効果があるので、一般的な加熱調理ではみりんを煮切らずに使うのが基本です。

（河辺達也）

81 煮物には三温糖を使った方がおいしくできるの？

砂糖はショ糖（スクロース）の通称です。植物は昼間に、根から吸い上げた水分と炭酸ガス（二酸化炭素）から、光合成によりブドウ糖（グルコース）およびブドウ糖が長く結合したデンプンを生成します。夜間にはそれをショ糖に変えて茎や根に移動させ、さらにいろいろな形にして貯蔵します。たとえば、サツマイモやジャガイモ、イネでは茎や根や種子にデンプンの形で貯蔵します。果物はショ糖、果糖（フルクトース）、ブドウ糖の形で貯蔵します。

砂糖の原料はおもにサトウキビ（甘蔗《かんしょ》）、ビート（甜菜《てんさい》）ですが、サトウキビは茎に、ビートは根にショ糖として貯蔵します。サトウキビは平均気温二〇度以上の地域（日本では沖縄県、鹿児島県）で、ビートは冷涼な気候の地域（日本では北海道）で栽培されます。

砂糖は製造法によって分蜜糖と含蜜糖に分けられます。分蜜糖はショ糖を含む糖汁を精製、濃縮し、糖蜜を遠心分離して結晶化させた砂糖のことです。結晶の大きいものはざらめ糖で、グラニュー糖がその例です。ショ糖濃度が九九・九パーセントですっきりした甘味があり、飲みものや調味料に用います。

通常家庭で調理に用いるのはショ糖濃度九七パーセントの上白糖です。薄茶色の中白糖はショ糖濃度九六パーセント、さらに着色が強い三温糖は九五パーセントで、これら三種を車糖《くるまとう》といい、一部転化糖（ショ糖がブドウ糖と果糖に分解したもの）を含むのでしっとりした手触りがあります。着色は、上白糖などを結晶化させた残りの煮汁を煮つめる際にショ糖が重合してカラメル化したことによるものです。ちなみにヨーロッパやアメリカには上白糖はありません。グラニユー糖を調理に使います。

一方、含蜜糖は分蜜せずに糖蜜を固化したもので、不純物をわざと残してあるので特有の風味を味わうことができます。黒砂糖（ショ糖八〇パーセント）やメープルシュガーなどが代表例です。これらの風味を活かして、黒砂糖を蜜にして和菓子に使用したり、ようかんやかりんとうに用いたりします。また、メープルシロップにしてパンケーキにかけたりして、風味を味わいます。

さて、煮物には三温糖を使ったほうがおいしいといわれるのはなぜでしょうか？　三温糖は上白糖やグラニユー糖に比べ灰分を少し多く（〇・一八パーセント）含んでいるため、ややくどい甘味があります。色もカラメルによる茶色なので、煮物や佃煮に入れると、やや濃厚で強い甘味とコクを与えると感じる人が多いようです。

（田原美和）

82

魚醬油ってどんなもの？

醬油は味噌と並んで日本の代表的な調味料です。古くは大陸から伝来した醬《ひしお》が調味料として使われていました。そして一二五四年に中国から帰国した僧、覚心が径山寺《きんざんじ》味噌（金山寺味噌）の製造方法を伝えたといわれています。

醬油の主たる原料は大豆、小麦および食塩です。日本農林規格によると、本醸造醬油の製法は、前処理した大豆と小麦に種麹を添加して製麹《せいきく》し、濃い食塩水を加えて仕込み、発酵・熟成させて、圧搾した生醬油を加熱するとされています。醬油には塩分による塩辛味、グルタミン酸、アスパラギン酸などのうま味、乳酸による酸味、糖類による甘味があり、さらに、アルコール類、エステル類などの成分が含まれています。これらは麹菌の産生するさまざまな酵素の働き、もろみ中の乳酸菌などの働きによって生成されます。

日本の醬油の産地としては千葉県野田市がよく知られていて、この地は街全体が醬油の香りに包まれています。

また、日本では魚やその内臓を高食塩濃度で漬け込み、発酵させた調味料が古くから作られています。これは魚介類を原料として作られた醤油という意味で、魚《うお》醤油と呼ばれます。

有名な魚醤油としては秋田県のハタハタなどを原料とした「しょっつる」、石川県のイカを原料とした「いしり」や、イワシを原料とした「いしる」、香川県のイカナゴを原料とした「いかなご醤油」などがあります。これらは微生物や原料魚の自己消化酵素などによって、タンパク質がペプチドやアミノ酸に分解されてうま味成分を生成するものです。現在の生産量はわずかで、おもに料理の際の隠し味として使われます。

韓国にも魚醤油は存在します。また、中国では魚露（ウィル）として知られています。さらに、東南アジアの国々では極めて食生活に密着した調味料となっています。ベトナムではニョクマム（nuoc mam）、タイではナンプラー（num pla）、フィリピンではパティス（patis）と呼ばれる魚醤油があります。これらの原料魚としては汽水域（海水と淡水が混ざっている塩分濃度の低い地域）や海産の小魚、小エビが用いられます。

まず、小魚を多量の食塩とともに漬け込み保存すると、徐々に分解され上方に液状物質が出てきます。さらに分解が進行すると筋肉部分がくずれ、魚の骨だけが残ります。これらを搾り、液体部分を集めたものが魚醤油となります。おもなうま味成分は原料魚によって異なりますが、グルタミン酸、アラニン、リジン、ヒスチジン、アスパラギン酸などです。

ちなみに、魚を原料とした魚醤油に対して、前述の大豆などの穀物を原料とした醤油を穀醤と呼びます。

（角野猛）

83 片栗粉を水に溶いて使うのはなぜ？

現在市販されている片栗粉は、ジャガイモから取り出したデンプンです。もともとはカタクリという野草の根から取ったデンプンを使っていたため片栗粉という名がついていますが、カタクリの収穫量が少なく手に入りにくいため、性質のよく似たジャガイモデンプンが広く使われるようになりました。

デンプンは白い粉末で、そのままでは水に溶けません。ここに熱を加えることによって、どろっとした透明な状態、つまり糊液になります。このようすを倍率一〇〇〜二〇〇倍の顕微鏡で観察すると、加熱する前は白い粉と水が混ざった状態（懸濁液）が見えます。六〇度前後まで温度を上げるとデンプンは急激に水を吸収して大きくなり、さらに温度を徐々に上げていくと膨れあがったデンプンはやがて破裂するようにくずれます。全体が透明な粘度のある液状になったこの状態がうすくず汁やあんかけのあんです。

デンプンが均一な糊液になるためには、このように加熱される途中で周囲から十分に水を吸い込む必要があります。とくにジャガイモデンプンは六〇〜七五度の間に大量の水を吸い込みます。つまり、デンプン一粒一粒が十分な水に取り囲まれていてはじめて、吸水と膨潤がスムーズに進むことになります。

もし、デンプンの周囲に水が少なかったり、デンプン同士がまとまって固まりになっていたらどうでしょうか？　中途半端にしか水を吸い込めないデンプンや、吸水したくても吸水できないデンプンができてしまいます。こうした吸水が不十分なデンプンは加熱を続けても透明になりにくく、濃いとろみの固まりの中心に粉が白い芯のように残るなど、いわゆるダマになってしまいます。片栗粉を水に溶くという操作は、デンプンと水を最初によく混ぜ合わせ、デンプン一粒ずつを水に取り囲まれた状態にすることなのです。

また、加熱中も十分な水を取り込める状態を保つために、水に溶いた片栗粉は高い温度の汁の中に大きく広がるように加える必要があります。加えたらかき混ぜることが基本です。なぜなら七〇度以下ではデンプンはダマになってしまうからです。

片栗粉はあんかけ料理のあんを作るために不可欠です。料理にあんをかけると口当たりがなめらかで食べやすくなり、また、料理を冷めにくくします。一般の片栗粉は前述のように水に溶いてから加熱することであんになりますが、水に溶かずに使用できる特殊な加工を施した片栗粉も市販されています。この片栗粉はジャガイモデンプンを顆粒状になるよう加工したもので、液に分散しやすい構造を持っています。そのため水に出会うとすぐにバラバラになり、水溶き操作を必要としないのです。

（井川佳子）

コラム

発酵食品と腐敗した食品

微生物は私たちの身の回りの環境に多数見られます。その増殖は分裂によって行われ、栄養、温度、水分、pH などの環境が整う必要があります。

食品の多くは微生物の増殖に十分な環境を保持していますので、微生物はタンパク分解酵素、デンプン分解酵素及び脂肪分解酵素などを産生して食品を分解し、それらを栄養源として増殖します。その結果、食品は色や外観が変化し、アンモニア、インドール、スカトールなどの物質が生成されて臭気が強くなり、食品本来の味を失い食べられなくなります。このことを広義の腐敗と呼んでいます。

一方、食卓や台所には調味料として醬油、味噌、酢などが、嗜好飲料として清酒、ワインなどが、漬物としてぬか漬け、たくあん漬け、白菜漬けなどが、さらに、納豆、塩辛、かつお節などの日本古来の伝統的な食品があります。また、チーズやヨーグルトなども食生活に欠かせません。

これらの食品ができる過程にはそれぞれ固有な微生物が関与しており、発酵食品と呼ばれます。つまり、微生物の産生するさまざまな酵素などを利用して製造された食品なのです。それぞれの微生物が醸し出す独特な風味は、私たちの食生活に密着したものとなっています。このような微生物としては、乳酸菌、酵母、納豆菌などが知られています。

食品の腐敗と発酵はともに、微生物が主として関与する点では共通性があります。人間の生活に役立つ食品を作るような微生物を発酵微生物、食品の可食性を失わせるような微生物を腐敗微生物といいます。（角野猛）

解説 4

調味料のさまざまな役割

調味料は、食べ物をおいしくし、生活の楽しみを高めます。たとえば、少量の塩がだしの味を引き立てたり、焼いた肉や魚を一振りの塩がおいしくしたりします。

また、私たちは甘いものが大好きです。生まれたばかりの赤ちゃんも甘い味の液を口に含ませると喜んで口を動かすそうです。甘い味を呈する物質の代表は砂糖やブドウ糖などの糖類です。多くはデンプンを多く含む食品と共存していますから、甘いものを選ぶことはデンプンを選ぶ、つまりエネルギー源を選んでいることになります。

酢はアルコールが酢酸発酵によってできた発酵調味料で、酢酸を四パーセント程度含んでいます。酸味は腐敗したデンプンが示す味ですから、人間にとっては警戒すべき味の一つです。一方で、さっぱりと爽快な味わいもありますから、サラダのドレッシングや酢の物、酢飯などの調味料としても重要です。

それでは、これらの調味料は、味付けだけのために用いられるのかといえば、そうではありません。調味料のさまざまな役割をみていきましょう。

一つめは、食品の保存です。昔は、収穫期の食品を次の収穫期まで保存することは、食糧の確保の点から必要なことでした。塩も砂糖も酢も、微生物の増殖を抑え、食品の保存に重要な役割を果たしています。微生物が増殖するためには水が必要ですが、塩も砂糖も食品中の微生物が利用できる水の割合を減少させます。それによって微生物の増殖を抑えることができるのです。多くの野菜の塩漬け、魚の塩蔵品、塩漬け肉などがあり、また、ジャムなどの砂糖漬けも保存食として今でも食べられています。

酢は酸性ですから、これを加えることによって食品は酸性となり、耐酸性のない多くの微生物の繁殖が抑えられます。酢漬けの魚やピクルスなどがその例です。魚を酢洗いするのもこのためです。これらの食品は単に保存性が高いだけでなく、新しいおいしさをも生み出しています。

二つめの役割は、食品の物性を変えることです。挽き肉やすり身に塩を入れてこねると、肉の塩溶性タンパク質が溶け出し、互いに絡まり合って結着性が出てきます。ハンバーグに塩を加えてこねたり、イワシ団子に塩を入れてこねるとまとまりやすくなるのはこのためです。うどんや餃子の皮を作るときにも、塩を入れてこねるとグルテンがよく形成されるので、必ず加えられます。

また、ご飯を放置するとぼそぼそと硬くなりおいしくなくなる（これをデンプンの老化といいます）のに、餅菓子や団子はご飯よりは長く軟らかい状態を保つことができます。これは、砂糖が入っているからです。老化は糊化デンプン分子の間から水が分離して起こりますが、砂糖は水を引きつける力が強く、餅菓子中の水を引きつけて分離を防ぐため、老化しにくくなります。

ほかに砂糖の性質を生かしたものとして、スポンジケーキを焼くときに作るメレンゲがあります。卵白を泡立てるときに砂糖を加えると、砂糖が卵白の泡を安定に保つ働きをして、スポンジケーキをうまく膨らませます。泡立てた卵白の気泡膜は水に卵白のタンパク質が溶けたものですが、水は容易に泡の上方から下方に流れたり蒸発したりするため、気泡は消えやすいわけです。しかし砂糖が溶け込むと水が動きにくくなって、安定なメレンゲができるのです。

酢も食品の物性に影響を与えます。酢じめ魚は、表面のタンパク質が酸によって変性することで独特の歯切れのよさを示しますし、小魚の唐揚げの酢漬けは、酢に浸けることによって魚の骨のコラーゲンが分解され、食べやすくなります。硬い肉でも、酢に浸けると筋のコラーゲンが分解されて軟らかくなります。

一方、野菜を少量の酢を添加した煮汁で加熱すると、ペクチンの分解が抑えられて硬くなります。酢を添加すると硬くなる例として、ジャガイモの梨もどきやシャキシャキした口触りの酢ばすがあります。

三つめの役割として、これらの調味料は食品の色にも影響を与えます。たとえば塩水に浸けることで、食品の着色すなわち褐変を抑えることができます。リンゴを切って、そのまま放置すると切り口が茶色に変色します。これはリンゴの中のポリフェノールが酸素の存在の下で酵素によって変化するためですから、酵素作用を防ぐために塩水に浸けてこれを防ぎます。あるいは、酸性のレモン汁をかけてpHを変えても防ぐことができます。

また、砂糖を加熱していくと温度が高くなるにしたがってだんだん焦げて褐色のカラメルになります。ちょっと苦味もある甘い香りのカラメルソースは、カスタードプディングにつきものです。糖とアミノ酸を加熱したときの反応をアミノカルボニル反応といい、食品にきつね色の焼き色と香ばしい香りを与えます。ホットケーキやクッキー、パンなどはこの例です。

pHによって色が変わる食品もあります。酸性で、カリフラワーなどに含まれるフラボノイド色素は白色に、紫キャベツなどのアントシアン色素は赤色になりますから、酢の物にしたり、サラダにドレッシングをかけることで色が変わって、料理に彩りを与えます。

ここまで、調味料の大きな三つの役割をみてきましたが、このほかにもさまざまな働きがあります。

塩には酵素作用を抑制する性質があるので、ビタミンC酸化酵素が働かないよう、果汁を作るときに一パーセントの塩を入れることがあります。水産練り製品の原材料となる冷凍すり身には、冷凍による変性を抑えるために砂糖を加えることがあります。これは砂糖が水を引きつけることによって、すり身の中の水分が分離して氷になるのを防ぐからです。酢は魚の生臭さの原因であるアミン類を中和するので生臭みを消すのに使われます。

塩の代わりに醬油や味噌で塩味をつけることもあります。醬油は塩分が一五パーセントで、味噌は一二パーセントぐらいですから、味をつける場合はそれぞれ、塩の六倍、八倍とします。

同様に、砂糖の代わりにみりんで甘味をつけることもあります。その場合、重量で砂糖の三倍にします。みりんの糖分は約四五パーセントですが、そのうちの七〇～九〇パーセントはブドウ糖であり、ブドウ糖の甘味は砂糖の半分程度なので、結果としてみりんの甘味は砂糖の三分の一程度だからです。大さじ一杯の砂糖は約九グラムですから、計量スプーンで測るときには、これと同じ甘味にするにはみりんが三〇ミリリットル、つまり大さじ二杯必要になります。

このように調味料は調味以外にもいろいろな目的で使われ、食品のおいしさを引き出すために大きく貢献しています。

（今井悦子）

第8章　調理器具の科学

84 鍋でゆでるより電子レンジを使った方が栄養素が残るって本当？

ゆでるとは、熱湯の中で食品を加熱する操作をいいます。水を加熱すると、温まった水が上部に移動する対流が起こり、火力が強いと対流は激しくなります。液体の対流熱を利用する、煮る操作の一種です。食品の組織を軟らかくしたり、アクなどの不味成分を除いたり、タンパク質の凝固、酵素の失活、殺菌や色素の安定化・発色などを目的に行います。

根菜類はかぶる程度の水を加えて火にかけ、沸騰後は好みの硬さまで加熱をします。一方、青菜類は大量の熱湯中に入れて、短時間でゆで上げます。大量の湯を使うのは、食品を入れたときの温度低下を少なくするためです。ゆですぎると、色や香り、歯触りなどが失われ、うま味成分や水溶性ビタミン、ミネラルなどの栄養素の損失が多くなりますので、ゆで時間の調節は重要です。葉菜類なら二分ぐらいでしょうか。

電子レンジは、食品に外部から熱エネルギーを与えるのではなく、マグネトロンという真空管から出るマイクロ波（周波数が二四五〇メガヘルツの極超短波）を食品に当てて吸収させ、そのエネルギーが熱に変わるのを利用して加熱するしくみです。このマイクロ波は一秒間に二四億五

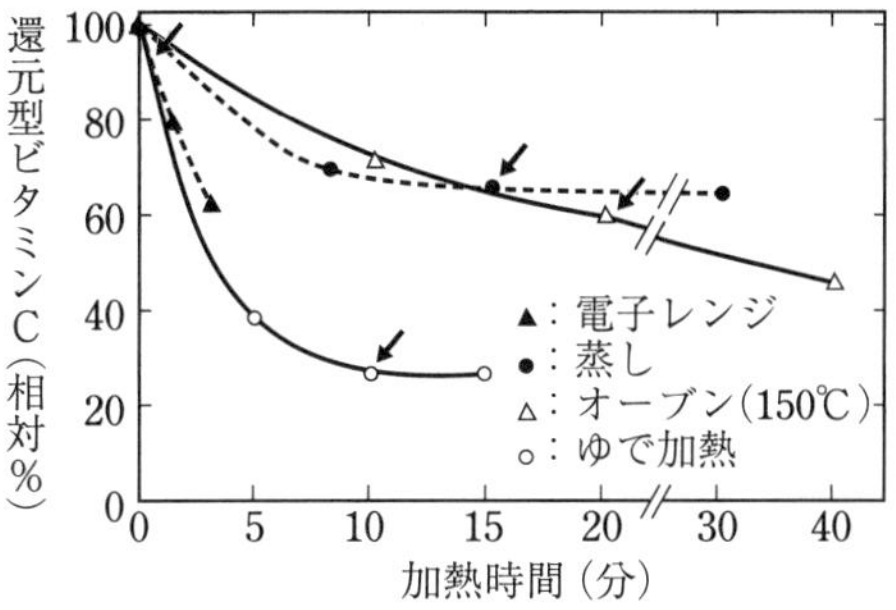

ジャガイモのビタミンC残存率の変化

ジャガイモは1.5cmの角切り10個を、いずれも火が通るまで加熱。矢印は最適加熱時間を示す。

大羽和子「家政誌」(1988)より作成

○○○万回もプラス・マイナスが反転し、食品のような誘電体をマイクロ波電場に置くと、食品中の水分子が電界の変化に対応して激しく振動回転するので、高い摩擦熱が発生して加熱されます。

水分を含んでいる普通の食品は、マイクロ波が表面から〇・五〜一〇センチメートルのところまで到達します。あらゆる方向からマイクロ波を受けるので食品は短時間で加熱されます。

電子レンジによる加熱の特徴は、ゆでる方法に比べて加熱時間が極端に短いことで、そのためゆで汁の中に成分が溶出せず、味や栄養成分の変化が少ないのです。つまり、食品の色は美しく、ビタミンの損失も少ないといえます。一例を図に示します。このように、ゆでるより電子レンジを使った方が栄養素の残存率が高いのは本当です。

さらに、電子レンジ加熱は省エネ効果が大きく、また食品の煮くずれなども起きません。(大羽和子)

85 電子レンジでご飯を温めるとき、ラップをかけた方がいいの？

庫内は熱くないのに、またたくまに食品の温度が上がる電子レンジ。熱伝導加熱法では決してまねのできない「スピード加熱特性」を備えた電子レンジは、再加熱、解凍、下ごしらえと幅広い用途に活躍してきました。加熱特性の秘密は熱源として使われているマイクロ波の性質に由来するもので、つまり電子レンジは電磁波加熱器だったというわけです。

たとえば、茶碗一杯分のご飯なら約一分で熱々にしてしまう、その速さの秘密はマイクロ波の浸透距離が深く（ご飯では約五センチメートル）、瞬時に各部所から発熱する誘電加熱特性によるものです。

速さと簡便性を兼ね備えた電子レンジですが、加熱ムラが大きかったり、食品が乾燥しやすかったりと欠点もあり、悩みの種でした。マイクロ波は空気中を素通りしてスイッチオンの瞬間から食品内部に吸収されていき、食品内部まで到達して食品が発熱するのですが、表面では周囲に熱が逃げてしまい、温度が上がりにくくなるため加熱ムラが起こるのです。

さらに食品の材料配合によって加熱時の温度分布が異なり、図1のように、中央が速く温度が

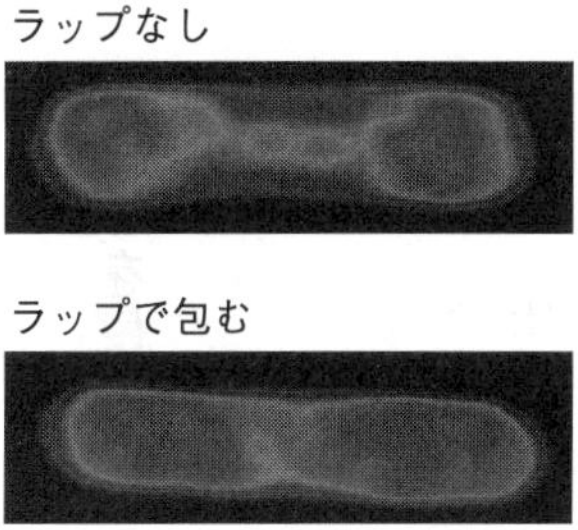

図2　ソーセージの昇温のようす

出力600Wで30秒加熱した場合を示した。ラップで包むと中心部と周辺部との温度差が減り、加熱ムラが少なくなる。

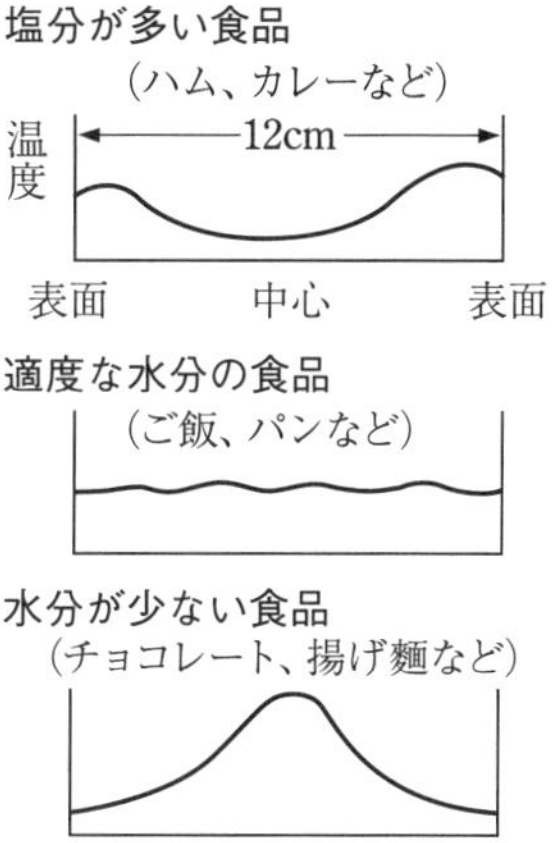

図1　食品の温度分布

いずれも汎用型容器に詰めた状態で測定。

上がるもの、全体が比較的均一に温度が上がるもの、周囲の温度が速く上がるものがあります。とくに、塩味がついた食品の場合にはマイクロ波が一センチメートル以下しか浸透できず、食品の周囲ばかりがオーバーヒートして内部が冷たいまま残ることがあります。

ラップフィルムは食品の保湿や保温、さらに加熱ムラを補正する役割も果たすことが知られています（図2）。容器に入れた食品を電子レンジで加熱する場合に、蓋なしでは温度分布にムラができますが、蓋をするとムラが少なくなります。耐熱性プラスチック容器に冷凍ハンバーグを入れ、蓋をせずに加熱すると測定位置による温度差は三〇度ありましたが、蓋をするとその差は一〇度程度になりました。（肥後温子）

86 圧力鍋を使うとなぜ食材が早く煮えるの？

圧力鍋とは、蒸気を鍋の中に閉じ込めて鍋内の圧力を上げ、沸騰温度を高くする鍋です。一般的に市販されている圧力鍋は、蓋にはパッキンがつき、蒸気の出る穴は錘《おもり》がつけられるなど、鍋の中が一定の圧力になるまでは沸騰したときに出てくる蒸気が鍋の外に逃げないように作られていて、一・五～二kgf／cm²程度の圧力がかかるように設計されています。

よく知られている通り、普通の気圧のところでは水は約一〇〇度で沸騰しますが、気圧の低い高い山の上では一〇〇度以下の温度で沸騰します。このように圧力によって沸騰温度は変わります。圧力鍋では圧力が高いので沸騰温度は一一五～一二五度程度になります。そのため、普通の鍋で一〇〇度で煮るのと比べて、加熱時間は短く、早く軟らかくなるのです。大豆のように長く煮なくては軟らかくならないものを煮るには大変役立ちます。時間と熱源の節約になり、省エネの調理器具ということができます。

大豆を煮るときには、普通、水に浸けておき十分に水を吸わせて、鍋でことことゆでる必要があります。大豆の種類や新旧にもよりますが、ゆであがりまでに一時間から一時間半くらいかかります。そのためちょっと面倒に思ってしまいますが、圧力鍋ですと、沸騰し始めて数分で火を止め、一〇〜一五分蒸らすだけで軟らかく煮えます。時間は六分の一、ガスの消費量は四分の一程度ですみます。

省エネになるうえに、圧力鍋でゆでた豆は普通の鍋でゆでた豆に比べ、甘みが強くねっとりとしておいしいものができます。加熱時間が短いため、豆に含まれている甘み成分（糖類）が煮汁の中に逃げないからです。

また、ねっとりしているのは、豆に含まれているペクチン質のうち水に溶けやすい部分も煮汁中に逃げず、豆の中に残るためです。ペクチン質は植物の組織に含まれている成分ですが、水に溶けにくいものと溶けやすいものがあり、豆を煮ると水に溶けにくい成分が分解されて水に溶けやすい成分が増えます。これらは、ねっとりした口触りを与える働きがあるので、この成分が豆の中にたくさん残っているとねっとりした感触になるのです。

また、シチューなどを作るときには硬い肉を煮込む時間を短縮することもできますし、魚を煮ると骨まで食べられるようになります。

このように圧力鍋は、硬いものを煮るには大変便利な鍋ですが、煮ている途中で蓋を取ることができないので、煮え加減を見ながら加熱時間を調節することはできません。加熱時間を予測して調理に取りかかる必要があります。また、鍋の中には一〇〇度以上の水蒸気が充満していますので、鍋に圧力のかかっているときには扱い方に十分注意する必要があります。

（渋川祥子）

87 料理によって鍋の材質を替えた方がいいの？

鍋には材質によってそれぞれ特徴があり、料理に応じて使い分けることで、よりおいしく仕上げることができます。

たとえば、短時間でさっと仕上げる魚の煮付けや煮物類には、熱の伝導がよいアルミやアルマイト製のゆきひら鍋や浅鍋が向いています。他方、時間をかけてゆっくりと加熱し、味を煮含める煮込み料理やシチュー、おでんなどは銅や厚手のアルミ製で表面をでこぼこにした打ち出し鍋が、熱容量が大きく熱を保持しやすいので適しています。

卵焼きやホットケーキなどのように、熱を速く伝えて均一な焼き色をつけたい料理には銅鍋が適しています。しかし、高価なのでアルミおよびフッ素樹脂加工のものがよく使われています。

また、ゆっくりと時間をかけてスープをとりたいときや、ポトフやシチューなど大量の液の中で長時間煮出す料理には、保温性がよく一定の加熱温度が均一に保持できるものが適します。それには、厚みがあり外界の温度変化などの影響を受けにくいステンレス製の多層鍋や土鍋などがよいですし、食酢などの調味液を多量に用いた煮物やジャムなどを作る際には、アルミ鍋では腐

材質	熱伝導性	保温性	その他の特徴
アルミ／アルマイト	○	△	軽い
銅	◎	△	さびやすい
ステンレス	△	○（多層）	さびにくい、耐腐食性あり
鉄	○		直火・高温調理、電磁調理器向き
ホウロウ	△	○	耐腐食性あり、衝撃で破損
セラミックス／陶器	×	○	衝撃で破損、さびない

おもな鍋の材質と特徴

食する可能性があるので、耐腐食性のあるステンレス鍋や磁器鍋が適します。

電子レンジ料理にはマイクロ波を透過するガラス（割れやすいものもあるので、電子レンジ可のものがよいでしょう）、陶器製鍋に食品を入れて誘電加熱します。一方電磁調理器加熱は、電磁誘導による加熱方式なので、磁石のように磁界を作りやすい鉄製の鍋が最適で、磁性の低いアルミ鍋では発熱しないことがあります。

このように、鍋の材質によってもっとも差が出るのは、熱の伝わり方なのです。

材質として一般的な鉄は融点が一五〇〇度と非常に高く、直火焼きや高温調理が特徴の中国料理の中華鍋に適しています。ステンレスは鉄を含む合金ですが、熱の伝導はよくありません。しかし、さびにくく丈夫です。銅は熱伝導率が金属の中でとくに高いのですが、さびが出やすいのが欠点です。銅に亜鉛を加えた真鍮鍋は硬くてさびにくく、いろいろな料理に向いています。

アルミとその合金の鍋は軽くて熱も通しやすいので大量調理や短時間の煮物調理に向いています。表面を皮膜で覆ったアルマイト鍋や合金鍋は酸に腐食しやすいアルミの欠点をカバーするものです。値段が安くもっともよく使われています。しかし融点が低いので、鉄鍋のように直火の炒め料理や高温の揚げ物料理には適していません。

金属の表面をガラス質で覆ったホウロウびき鍋は金属の強さにガラスの耐腐食性が加わるので、酸やアルカリに強く、清潔ですが、衝撃が加わると破損しやすいので取り扱いに注意が必要です。厚みがありますので、弱火で長時間煮る料理に向いています。

非金属であるセラミックスの鍋は材質が陶磁器、セメント、れんがなどで、硬くてさびないのが特徴です。

（長尾慶子）

コラム

真空調理

真空調理は、1970年代にフランスで開発された方法で、列車食堂の限られたスペースで料理を提供するためのものでした。

食材をそのまま、あるいは調味料と一緒に専用のプラスチックフイルムの袋などに入れて真空パックし、あらかじめ設定された温度（肉や魚では55～68℃、野菜では90～95℃）と時間で湯煎やスチームコンベクションオーブンで加熱します。

真空加熱したものを急速冷却し、チルド（0～3℃）や冷凍にして保存すれば、必要なときに再加熱するだけで食べることができます。そこで、病院や各種施設では個々に手間のかかる嚥下《えんげ》食のまとめ調理に用いられ、レストランやホテルでは時間や手間のかかる料理を大勢の注文に応じて少人数のスタッフで提供するために利用されるなど、真空調理は大量調理の場で力を発揮しています。

真空調理の主な利便性としては、①風味や、食感・食味を生かした調理ができる、②真空下での加熱なので、煮汁が蒸発せず調理による目減りがほとんどない、③酸素がほとんどない状態での加熱なので、酸化による劣化が抑えられる、④給食などの調理現場では労務時間の平均化によって人件費が抑えられる、などが挙げられます。

ただし、嫌気性でかつ加熱でも死滅しないボツリヌス菌などの問題もあり、微生物に対する衛生管理と加熱・冷却温度の保持徹底が必須です。家庭で真空調理を実行するのは困難です。

（長尾慶子）

88 電磁調理器（IHヒーター）とガスコンロの違いは？

現在、もっとも多く使われている台所用熱源は、都市ガスやプロパンガス（LPガス）を利用したガスコンロですが、最近は電気を使用したIHヒーターが急速に増えています。

ガスコンロの多くにはリング状のバーナーがあり、その上に五徳がついています。ガスが空気中の酸素と混合して燃えるので、排気ガスとして二酸化炭素やごく少量の一酸化炭素が出てきます。一方、IHヒーターはトッププレートの下に磁力発生コイルがあり、通電すると磁力線が発生し、それによって鍋底に電流の渦ができて発熱します（115ページの図参照）。そのため、排気ガスが出ず、ガス漏れの心配もありません。

ただ、磁力を受けて発熱しやすい鉄を含む鍋（鉄鍋、ステンレス鍋、ホウロウ鍋）でないと発熱しないので、一般的によく使われているアルミニウムの鍋は使えません。しかし最近は「オールメタル」と称する一部のIHヒーターではどの金属の鍋でも使える機種もあります。また、陶器の土鍋やガラス鍋など金属でない鍋は特別な加工（鍋底の部分に金属を貼り付けるなど）をしたIH対応鍋しか使えません。

調理をする際の特徴を比較すると、ガスコンロは、高温（八〇〇〜一〇〇〇度）の焔《ほのお》が鍋底に当たるので火加減が強いのですが、IHヒーターは一般の家庭の一〇〇ボルトの電源では、火加減がガスの中火程度にしかなりません。しかし、二〇〇ボルトの電源の場合には、ガスの強火と同程度の火力を得ることができます。IHヒーターの熱効率（供給される熱量をどの程度利用するかを表す割合）は九〇パーセント程度と高く、無駄なくエネルギーを使うことができます。

ガスコンロでは、焔が鍋底に広く当たりますし、場合によっては鍋の側面に届くので、鍋の側面も熱くなりますが、IHヒーターでは鍋底の磁力発生コイルに接している部分のみが発熱するので、鍋の側面は熱くなりにくい特徴があります。そのため鍋の把手《とって》は熱くなりません。

ガスコンロで調理をするときには、鍋を持ち上げて中の材料を混ぜ合わせたり（鍋振り）、火加減の調節のために持ち上げて焔から離したりしますが、IHヒーターではトッププレートから鍋を離すと鍋底が発熱しなくなり、電源が切れるのでそのような操作ができません。しかし、何段階にも入力を切り替えられるので、火加減の調節はガスコンロよりもしやすくなっています。

また、ガスコンロではバーナーや五徳があるので掃除がしにくいのに対し、IHヒーターではトッププレートが平らなのでさっとふくことができます。

電気コンロは同じく電気をエネルギー源とする加熱器ですが、ヒーターが発熱するしくみでIHヒーターとは異なります。鍋はどれでも使えますが、火加減は弱く、熱効率もよくありません。

（渋川祥子）

89 スチームオーブンはオーブンとどう違うの？

オーブンに蒸気発生装置（スチーム）が搭載されたものを、スチームオーブンと呼んでいます。ヒーター通電時に、同時に一〇〇度以上の水蒸気を発生させる機能があります。

そもそも日本では、一般家庭で使用するオーブンは、オーブンといってもオーブン単一の機能しかないタイプは少なく、多くは電子レンジ機能と一体化されている、いわゆるオーブンレンジが主流です。

最近では健康志向、グルメ志向を反映して、スチームが搭載された高級タイプのスチームオーブンレンジが人気を呼んでいます。スチームが搭載されたことで、レンジ機能で食品を温める際に食品が乾燥するのを防ぐだけでなく、オーブン機能で食品を焼く際には、過熱水蒸気となって効率よく食品に熱を与える役割をしてくれます。

つまりスチームオーブンレンジは、スチーム加熱とヒーターと電子レンジという三つの加熱手段を兼ね備えているので、食品を加熱する際にはそれぞれの特性を生かしたプログラミングが可能となり、さまざまな用途に使うことができます。

たとえば、お菓子やパンを焼く際に、適度な水分を必要とする場合がありますが、スチームオーブンは焼いている途中でも簡単にスチームを発生させることができます。もちろん魚や野菜を蒸すときにも使えます。家庭で蒸し器の保有率が減少する中、スチームオーブンレンジのスチーム機能を上手に使えば家庭で蒸し調理が簡単にできます。

一方、プロの料理人が使用する業務用では、レンジ機能が搭載されていない大型のスチームオーブンが主流です。業務用のタイプは、電力容量も一〇キロワット程度と、かなりの高エネルギーを使って蒸気を発生させています。蒸気温度も三〇〇度近くまで上げられるタイプが多く、高エネルギーな過熱水蒸気によって家庭用に比べてはるかに効率よく調理ができます。このタイプは、蒸す・焼くはもちろんのこと、煮る調理も可能です。つまり、揚げる・炒める以外の調理を上手に仕上げることができる万能調理器といえます。

いずれにせよ、今後家庭にスチームオーブンレンジが普及してくると、機器に搭載された「レンジ」と「オーブン」と「スチーム」の三つの機能を上手に使いこなすことにより、簡単便利に、かつおいしく料理を仕上げることができるようになります。庫内に設置された温度センサーにより、スチーム量と庫内温度をコントロールすることでメニューの幅も広がります。

ただ、欧米と異なり、オーブンのように温度調節が必要な箱物調理器になじみの薄い日本人にとって、マニュアルを見ながらの調理は慣れるまで時間がかかるかもしれません。使う人がわかりやすく作業できるように、機器の進化も望まれるところです。

（宮井真千子）

90 遠赤外線は食品の中まで入るって本当?

よく、遠赤外線で食品を加熱するとおいしくできるといわれていますが、そもそも、遠赤外線とは何でしょうか。

私たち人間の目に見えているのは、紫から赤までの光（波長三六〇〜七八〇ナノメートル程度）で、その両側に人間には見えない波長の光があります。波長の短い方の光を紫外線といい、長い方の光を赤外線といいます。赤外線のうち、波長の長い部分を遠赤外線というのです。

同じ温度の熱源でも、遠赤外線を出す熱源で食品を加熱すると、食品が効率よく加熱されることが知られています。これは食品の中の水分が遠赤外線を吸収するためと考えられます。また、よく遠赤外線は食品の中まで入るといわれるのですが、残念ながらそれは正しくないことがいろいろな実験から証明されました。

食パンをトーストした実験の例を紹介します。オーブントースターに遠赤外線を出すヒーターと遠赤外線の割合の少ないヒーターを使って同じワット数で同じ時間加熱した場合、遠赤外線ヒーターの方が表面の焦げ色が濃くなります。同じ程度の焦げ色になるようにすると遠赤外線ヒー

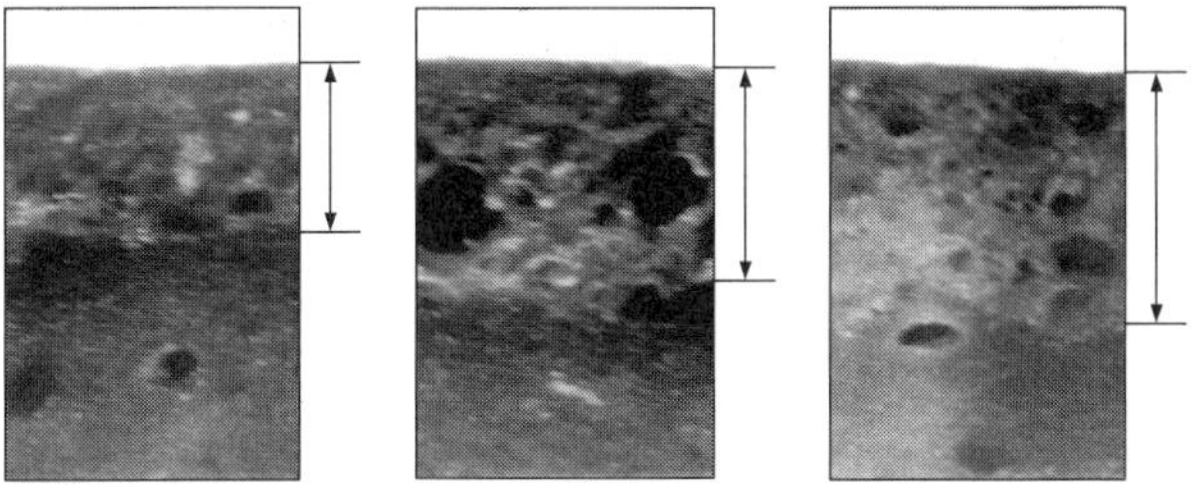

遠赤外線ヒーター　　一般的な鋼のヒーター　　ハロゲンヒーター

ヒーターで加熱した魚のすり身（断面）

ターの方が早く焼け、中に水分が残っていて、表面はパリッと中はしっとりしたおいしいトーストとなりました。この結果からもわかるように、遠赤外線を出す熱源を使ったとき、使わない場合に比べて確かに食品は早く加熱されます。

食品の中まで浸透しているかどうかについても、実験例を紹介します。魚のすり身（かまぼこを連想してください）をいろいろなヒーターで上から同じ火力で加熱したときの断面図（写真）では、上部の色の変わっている乾いた部分（矢印で示した）が、遠赤外線ヒーターで加熱したものは薄く、他のヒーターでは厚くなっています。これは遠赤外線が食品の表面を加熱し、深くは浸透しないことを示しています。

これらの現象からわかるように、遠赤外線は食品を効率よく加熱しますが、中まで浸透するのではありません。遠赤外線の波長は食品のごく浅い部分で熱に変わるため、表面が加熱されやすく、その熱が中まで伝わると考えられます。

遠赤外線を出すという暖房機が暖かいのも、食品の加熱と同じようなしくみであると考えられます。

（渋川祥子）

91 包丁は材料によって使い分けなければいけないの？

包丁はその目的に応じて十数種類あります。大きく分けると、和包丁、洋包丁、中国（中華）包丁があります。図1に主な包丁の種類を示しました。

和包丁は日本料理で伝統的に使われているもので、食材や用途によって使い分けています。たとえば、野菜（葉菜類）を切るために用いるものが菜切り包丁や薄刃包丁です。骨の硬い魚や、大きめの魚をおろす場合は、骨まで砕くことができる出刃包丁が用いられます。同じ魚をおろす場合でも、さしみを作るには、柳刃（関西）やたこ引き（関東）が使われます。食材に応じた包丁を用いることで、繊細な日本料理が生まれたといえます。

一方、洋包丁である牛刀は、刃渡り（刃の長さ）によって違いはありますが、図2に示したように、刃先・中央・刃元と部位を使い分けることで、魚もおろせるし、野菜も切ることができる便利なものです。

また、文化包丁は万能包丁ともいわれ、一本で菜切りと牛刀の利点を備えている包丁です。

中国包丁は一種類ですが、刃の部分が大きく重いので、切る、叩く、あるいは横にして押しつ

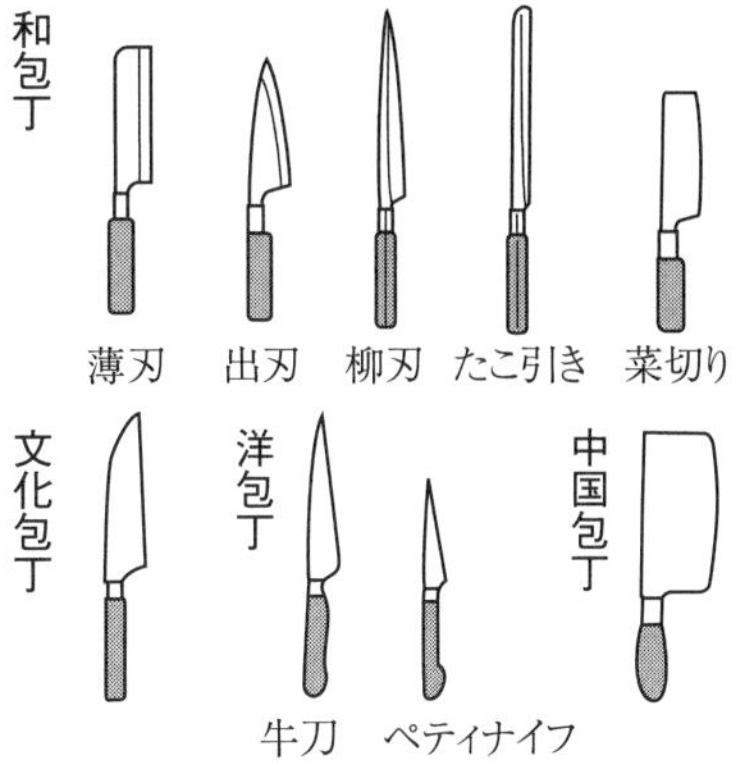

図1　主な包丁の種類

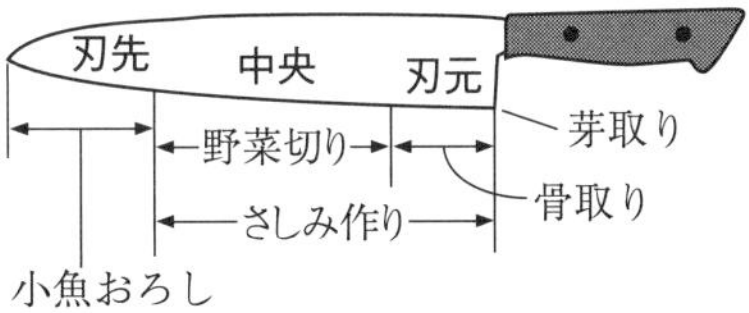

図2　牛刀の部位による使い分け

ぶすなど、多様な使い方ができます。

　包丁にも個性があり、その国の伝統的な料理から生み出された文化といえるでしょう。

　現在、調理実習の現場では、牛刀、ペティナイフと小出刃を持っていれば、おおよその料理はできると指導しています。

　一般家庭では、和包丁のように食材によって使い分けることはなかなかできませんから、牛刀を一本常備しておけば、さまざまな用途に使用することができると思います。

（大越ひろ）

ざいません」と答えたという。

　この話は、自然のしくみのままに、無為自然に策を弄せずに生きるということをいっているのかもしれません。（畑江敬子）

『日本山海名物図会』の一部

和洋女子大学図書館蔵書

コラム

「包丁」の由来は人の名前？

包丁は本来、「庖丁」と書いていましたが、その語源は1754年（宝暦4年）に出版された『日本山海名物図会』に見ることができます（図）。「その116、堺庖丁」の部分に、由来が記されています。

「荘子曰く庖丁能く牛を解く、庖丁はもと料理人の名なり。其の人つかひたる刃物なればとてつひに庖丁を刃物の名となせり。むかし何人かさかしくもろこしの故事をとりて名付けそめけん。今は俗に通してその名ひろまれり」とあります。つまり、庖丁はもともと牛をさばく名人であった料理人の名前で、その人が使った刃物だから庖丁を刃物の名前にしたといっています。

ここに書かれている荘子については、『荘子・養生主』に次のような故事が書かれています。

庖（料理人）の丁さんが、魏の国の文恵王にたのまれて牛をさばいたときの話。牛をさばくときに丁さんの手の触れるところ、肩の寄りかかるところ、足の踏むところ、膝の当たるところは、パリパリとなり、刀を進めていくときにはパサパサと音がする。その音はまるで音楽の調子に合い、動作はまるで舞をまっているようであった。それをみて文恵王が「ああ、りっぱなものだ。技もここまでくるとは」とほめた。丁さんは刀をおいて「私の好むのは、技よりも道でございます。始めのうちは牛ばかり目に映りました。3年も経つと完全に牛は目に映らず、今では目で見ずに心であしらいます。自然の筋に従って大きな隙間に刀を入れ牛の生来の組織に従って刀を進めます。ですから、硬い筋に当たったり、骨に当たったりすることなどご

92 落とし蓋ってどんな意味があるの？

煮物には、おでんや含め煮など、材料が十分浸るぐらいの煮汁で煮るものと、煮しめや魚の煮付けなど、少ない煮汁で煮るものとがあります。「落とし蓋」は煮物を上手に煮るための道具です。鍋よりも一まわり小さい蓋で、鍋の中の材料の上に直接のせて使います。

落とし蓋の役割は、煮汁の多い煮物では鍋の中で浮いてしまう材料を煮汁に沈めること、煮汁の少ない煮物では材料が鍋の中でおどって煮くずれするのを防ぎ、また、煮汁を材料全体に行き渡らせ、その味をムラなくしみ込ませることです。

材料を煮汁に沈め、かつ煮くずれを防ぐためには、ある程度重さのある木製のものや薄手の金属製のものが適しています。最近はシリコン製のものも市販されています。煮汁が少ない場合、つまり材料全体に煮汁を行き渡らせて味をムラなくしみ込ませるのが目的ならば、和紙やパラフィン紙、ときにはアルミ箔でも落とし蓋の役割を果たします。いずれの落とし蓋も、その大きな役割は、味をムラなくしみ込ませることにあるでしょう。

では、なぜ煮物に落とし蓋をすると、味をムラなくしみ込ませることができるのでしょうか。

落とし蓋は普通の蓋と違い、材料の上に直接のせて使うことに意味があります。

煮物では材料から成分が煮汁に逃げないように、煮汁の量を少なくして加熱することがあります。材料の二分の一ぐらいしか煮汁に浸っていないこともあります。その場合、常に煮汁に浸っている部分は味がしみ込みやすい状態にありますが、浸っていない部分にはしみ込みにくいことになります。

そこで、材料に直接のせる落とし蓋があると、煮汁は沸騰したり泡立ったりした際に蓋にぶつかり、落とし蓋に沿って移動することで煮汁に浸っていない上半分の材料にもよく行き渡るので、全体によく味がしみ込むことになります。

煮汁が少ない方が、材料が汁の中でおどることがなく煮くずれも防ぐことができます。煮汁が多ければ、余計な時間とエネルギーを使います。ムダのない調味液の量（煮汁）で、時間と熱エネルギーも節約し、その上煮くずれのないおいしい煮物を作る方法を先人たちは、落とし蓋という道具の工夫で解決してくれました。

煮魚のように、途中で返すと身がくずれたり皮が剝がれて見た目を損なうため、鍋に入れたら途中で返せない材料を煮る場合にも落とし蓋は有効です。

煮物をおいしく上手に作りたいと思ったら、落とし蓋を活用するとよいでしょう。


（宮下ひろみ）

93 ワサビはなぜ、さめ皮でおろすの？

おろし器の材質には、金属、セラミックス、陶器、プラスチック、ガラス、竹、木などいろいろあり、材質の違いや刃のつき方によって、すりおろした状態も異なります。

おろし器は、使いやすさはもとより、おろしたものの味がよくなることが大切です。味に影響するものとして、おろしたものの粒子の形があります。おろし器の刃のつき方やおろし方によって、粒子が粗くなったり細かくなったりします。一般に、粒子が粗いものは舌の上でざらつき、細かすぎるものはベタベタして重い感じになります。

おろし器の一つに、さめ皮のおろし板があります。板をおろし金の形に切り、さめ皮を接着剤で貼り付けただけのものですが、料理店や寿司屋などでは大変重宝されています。約四〇年前に、伊豆のワサビ店の店主が、宮大工が丸い柱を磨き上げるのにさめ皮を使っていることにヒントを得て考案したそうです。さめ皮の細かく硬いザラザラが、ワサビを細かくすりおろすのにとても適しています。さめの中でも、コロザメの背側の黒い部分が最上とされています。

ところでワサビは、おろし方によってずいぶん辛味や味が変わってしまいます。ワサビの辛味成分の一つであるアリルからし油が、ワサビを細かくすればするほど多く出てくるからです。この点で、ワサビをすりおろす場合は、やはりさめ皮のおろし板がもっとも適しています。

ワサビは葉と茎を落とし、鉛筆を削るように芯を残して削り、でこぼこした部分を削ぎ取ってから、茎の方からおろします。ワサビをおろし板に直角に当たるようにして、円を描くようにゆっくりそして押しつぶすようにおろすことによって、粒子がとても細かくなり、香り、うま味、独特の鼻に抜ける辛さを引き出すことができます。ワサビの場合は、粒子が細かいほどよいのです。

この独特の鼻に抜ける辛味・風味が発生するのは、すりおろすことによって細胞組織が破壊され、細胞内の辛さのもとになる成分のシニグリンが、水とミロシナーゼという酵素によって加水分解され、アリルからし油などの辛味成分を発生させるためです。ただし、この辛味成分は揮発性が強いため、三〜四分するとどんどん揮発してしまいます。

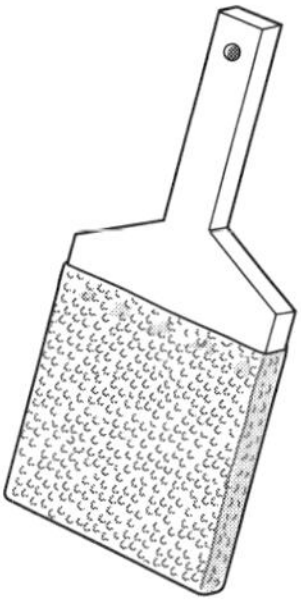
さめ皮のおろし板

ところで、さめ皮のおろし板でダイコンやショウガをおろすことはできるでしょうか。もちろんおろすことはできますし、細かく綿状になって独特の口当たりになります。ただし、おろすのに時間がかかりますし、なにより高価なおろし板ですので、ワサビ以外の食材に利用することはほとんどありません。

（酒向史代）

第9章　お菓子作りのコツ

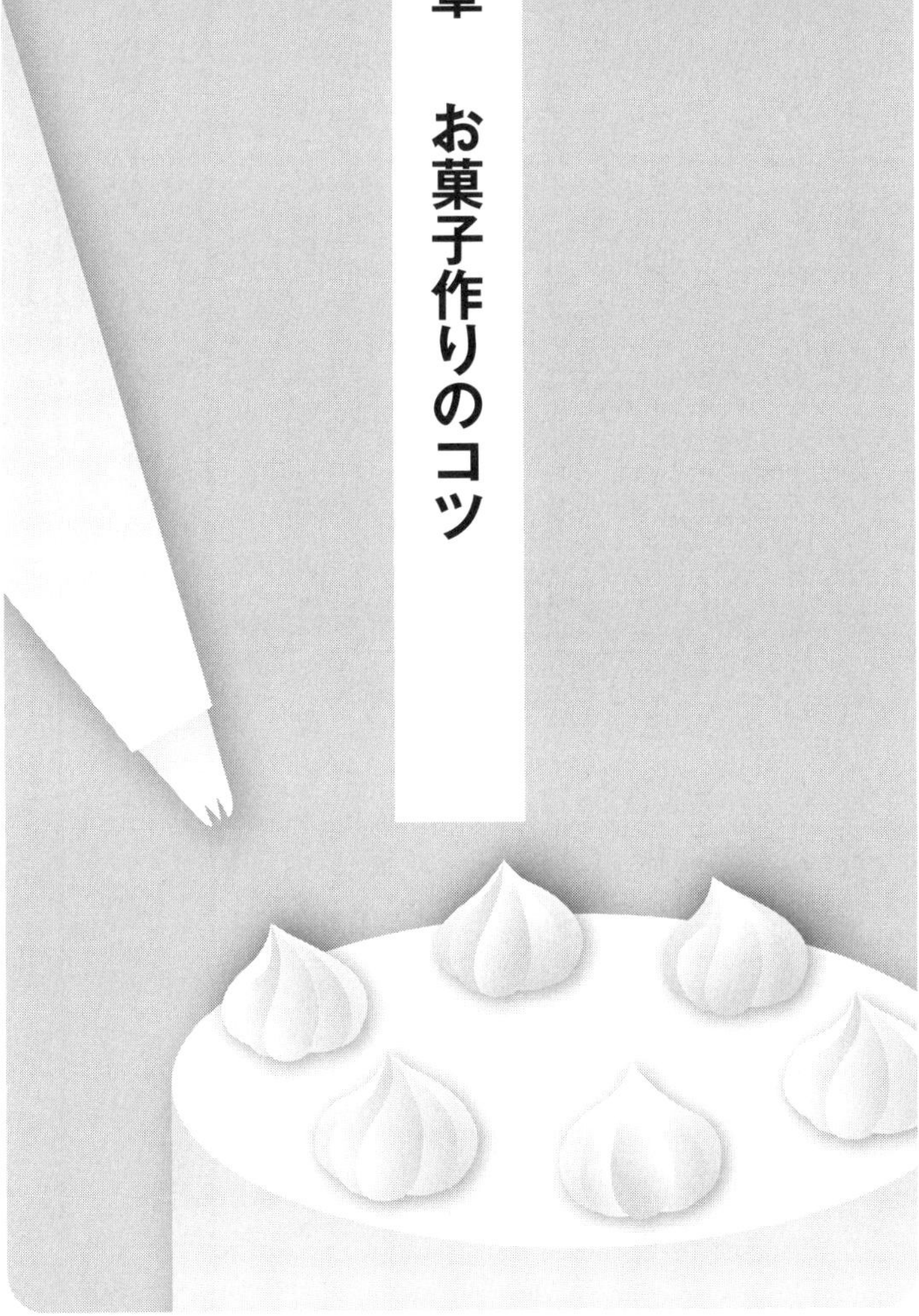

94 イーストやベーキングパウダーを使うとなぜ膨らむの?

近頃ではおいしいこだわりのパンを食べたいために、自宅で手ごねのパンを作る人が多くなってきました。小麦粉、砂糖、塩、バター、イーストなどに水を加えてこねて作った生地を、三〇～四〇度の温度でしばらく置いておく(この工程を発酵といいます)と生地全体が膨らんできます。さらに、いくつかの工程を経て焼くと、ふんわりとした香り高いパンができあがります。

このふんわりとしたパンを作るのに、イーストが大きな働きをしています。イーストとは細菌やカビと同じく微生物の一種です。この生き物の働きを利用して、生地を膨らませて、きめの細かなふんわりとしたパンができるのです。

なぜイーストがパン生地を膨らませるのでしょうか。強力粉に水を加えてこねると、タンパク質のからみあった網目状のグルテンが生地の中にできます。イーストは生地に含まれる糖分を利用して、三七度付近で炭酸ガスとアルコールを作ります。発生した炭酸ガスは生地の中に保持されており、増加すると生地の外へ出ようとする圧力となるので、生地が膨らむのです。

パン用に強力粉が使われているのは、タンパク質の多い強力粉からは緻密な網目のグルテンができ、その中に発生した炭酸ガスをしっかりと包み込んで保持するからです。タンパク質の少ない薄力粉で作った生地は、グルテンの網目が粗くて炭酸ガスをしっかりと保持できず、生地の外へと逃がしてしまうことにより、十分に膨らみません。

製パンには、アメリカやカナダ産のタンパク質の含量が多い小麦粉が使われています。タンパク質の含量が少ない国内産の小麦はパン用ではなかったのですが、品種改良と消費者の嗜好性の多様化から、多少膨らみは悪くても噛みごたえのあるパンも認知されるようになり、徐々に国産小麦粉も製パンに利用されるようになっています。

イーストは炭酸ガスを発生させてパンを膨らませるほかに、アルコールやエステルなどの揮発性物質も作り出します。これらはパンの香りの一部となり、パンの香りに深みを与えます。

一方、ベーキングパウダーも生地を膨らませるものですが、イーストと違って生き物ではありません。別名膨らし粉といわれ、重曹（炭酸水素ナトリウム）を主体に第一リン酸カルシウム、酒石酸、ミョウバン、デンプンなどが配合された化学膨張剤で、生地中の水に溶けると炭酸ガスを発生し始めます。ケーキ、クイックブレッド、蒸しパン、ケーキドーナツなどを作るときに使われ、焼く、蒸す、揚げるなどの加熱の際にはさらに炭酸ガスが発生することで、生地が膨らみます。イーストのように発酵時間は必要ありませんので、比較的短時間でできあがります。

つまり、イーストとベーキングパウダーは、どちらも炭酸ガスを発生させるという現象により生地を膨らませるのです。

（島田和子）

95 シューとスポンジケーキ、膨らみ方が違うのはなぜ？

焼き製品が膨らむということは、焼き上がるまでに気体が発生するということです。もし発生しなければ、餅のようにべっとりとした状態になります。膨らむときにシューのように大きな穴が数個開くか、スポンジケーキのように小さな穴がたくさん開くかは、焼く前に気体発生の場所（気泡核といいます）がどのくらい準備されているかで変わってきます。

最初に、作るのが難しいシューについて考えてみましょう。

シューはまず、水とバターを加熱して沸騰寸前で火から下ろし、小麦粉を混ぜ、さらに攪拌加熱してペースト状にします。このときの温度が八五～九〇度であることがポイントです。次に卵を何度かに分けて混ぜ、シュー生地を作り、天パンに絞り出して二〇〇度くらいのオーブンで焼くと、キャベツ形に膨らみます。シュー生地の中にとくに小さい気泡を入れることはなく、強いていえば卵を混ぜるときに空気が入る程度です。つまり、シュー生地の中には気泡の核は少ししか入っていないのです。また、加熱したときに気体になるものは水しか入っていません。

さて、シュー生地を加熱したときの内部温度と気体発生を観察した実験があります。グラフの

aはシュー生地の中心温度、dは底面の隅の温度を表しています。始めに中心付近に気体が発生しますが（図③④中心部の白い部分）、これは大きくならず、④の底面付近で発生した気体が一気に大きく成長していきます。④の温度を見ると、d（底面の隅）は一〇〇度です。

これをまとめると、シュー生地の温度はまず底面から上がり、一〇〇度になった場所にある気泡を核として水蒸気が一度に発生し、大きく膨らむと考えられます。シュー生地が膨らむときには、蒸気の発生にあわせて皮が風船のように伸びる性質が必要になります。

スポンジケーキは、卵白を泡立てた小さな気泡を多く含んだ状態で加熱するので、小さな穴がスポンジ状にたくさんできます。スポンジケーキの膨化は、加熱による気泡内の空気の熱膨張と水蒸気圧上昇によるもので、ケーキの膨らみは一・五倍程度です。

（四宮陽子）

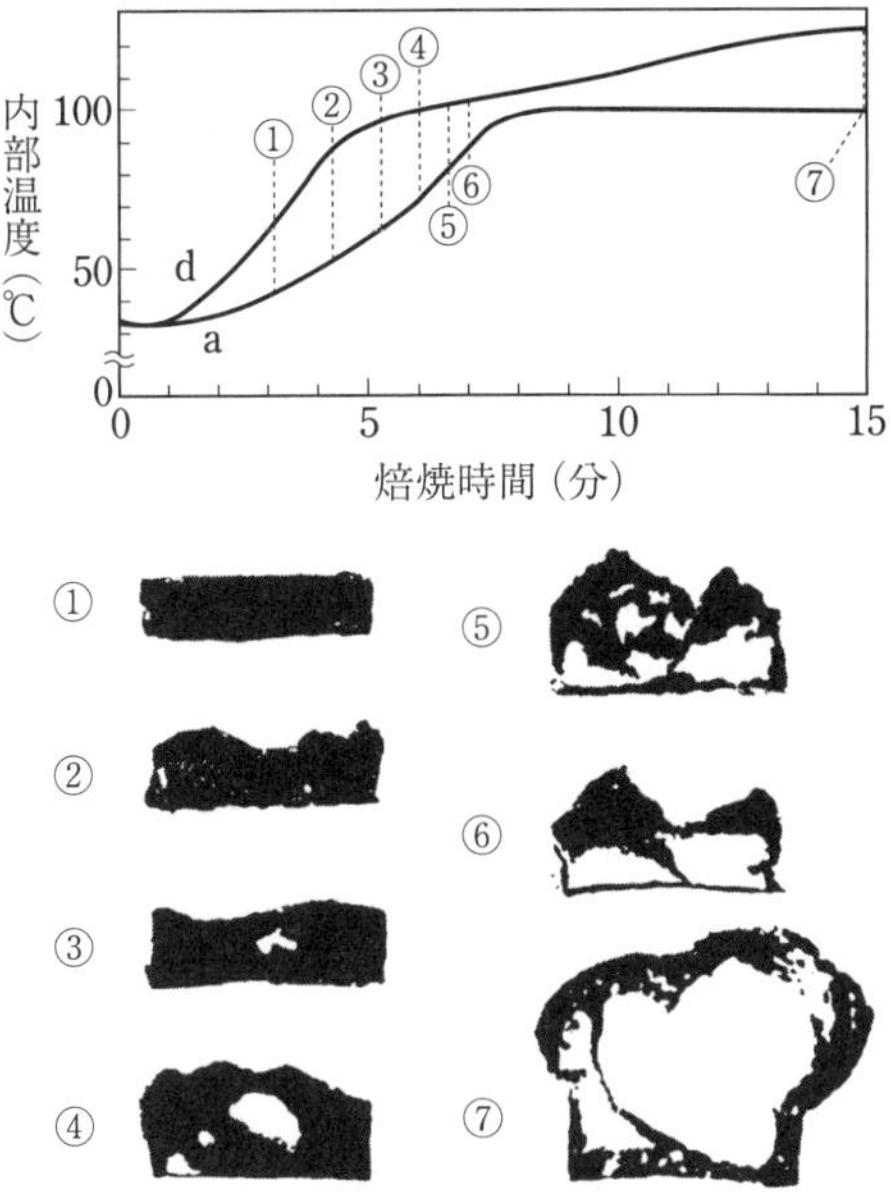

加熱によるシュー生地の変化

96 ふんわりしたスポンジケーキを作るコツは？

スポンジケーキの基本は、卵に砂糖を加えてよく攪拌して、十分に泡立ててから小麦粉（薄力粉）を混ぜて生地（バッター）を作り、一八〇度くらいのオーブンで、ふっくら焼き上げるというものです。

つまり、スポンジケーキとは、卵の泡の周りを粉類の壁が支える構造といえます。したがって、ふんわり作るためには、どんな泡を入れるかが重要になってきます。

卵の泡とは何でしょうか。卵白の成分は水分約八八パーセント、タンパク質約一〇パーセント、脂肪や無機質・ビタミン類はわずかなので、簡単にいえばタンパク質の水溶液です。

卵白のタンパク質は泡立て操作による攪拌や振動、送気などの強い刺激を受けて分子の立体構造が変化します（変性といいます）。変性によって分子の形が変わって泡立つのですが、タンパク質はどんどん変化するので、泡立てすぎるとタンパク質が凝集して水分が分離し、元に戻らなくなります。分離を防ぐためには砂糖を加えます。砂糖は保水性が高く粘りもあるので、卵白の泡が分離するのを防いで安定化します。安定化した泡は攪拌によって、ますます小さく、きめの細かい泡になります。

また卵白にはとろみが強い濃厚卵白の部分とさらっとしている水様卵白の部分があり、卵が古くなると濃厚卵白が減って水様卵白が多くなります。濃厚卵白は泡立てに力がいりますが、安定したよい泡ができるので、新鮮な卵を使うことでしっかり泡立ち、風味のよいケーキができます。

卵黄にも起泡性があります。卵黄のリポタンパク質が起泡性に関係すると考えられており、卵白の泡よりも安定性がよく、細かい泡ができます。

スポンジケーキの泡立てには、卵白と卵黄を別々に泡立てる別立て法と、全卵に砂糖を加え、粘度を高くして泡立てる共立て法があります。別立て法の卵白の泡は幾分大きめなので、ケーキは軽くソフトに膨らみます。共立て法の卵黄が入った泡は細かく数も多いので、ケーキはきめが細かくしっとりと濃厚な感じに膨らみます。

加熱中は泡の中の空気の熱膨張と水分から発生する水蒸気圧の上昇で、体積が数割増えます。また、泡の周りを隙間なく取り囲んだ小麦粉は、泡が合一したり膨らみすぎることを防ぎます。小麦粉が少なくて比重の軽い生地はふんわりと軽く膨らみますが、少なすぎるとオーブンから出したときに形を保てずに収縮してしまいます。小麦粉が多い比重の重い生地は、目詰まりした重いケーキになります。

さらに、生地を攪拌してグルテンの粘りが出ると膨らみの悪いケーキになるので、小麦粉はタンパク質の少ない薄力粉を選ぶとよいでしょう。

（四宮陽子）

97 パイはなぜ膨らむの?

パイ生地を加熱すると、生地中に気体が発生して生地が浮き上がって膨らみます。では、加熱中に生地の何が気体になるかを、パイの作り方を見ながら考えてみましょう。

パイ生地は小麦粉と水とバターで作ります。基本の折りパイでは、小麦粉を水でこねた生地(ドウといいます)を作り、これにバターを包み込み、伸ばしては折りたたみ、再び伸ばしては折りたたむことを繰り返して作ります。できあがったパイ生地は、図のようにバターの層とドウの層が交互に薄く伸ばされた形で重なっています。

さらに拡大すると、バターには一〇ミクロン(〇・〇一ミリメートル)くらいの微小な水滴がぱらぱらと分散しています。バターには約一六パーセントの水分が含まれますが、水分はバターの乳脂肪中に溶けることができないので、水滴になって分散しているのです。これは自由水といって蒸発しやすい水です。

さて、このように材料を調べると、加熱中に気体になるのはバターの中に分散している「水」のようです。しかも数ミリメートルのパイ生地を数センチメートルに膨らませるためには、沸騰

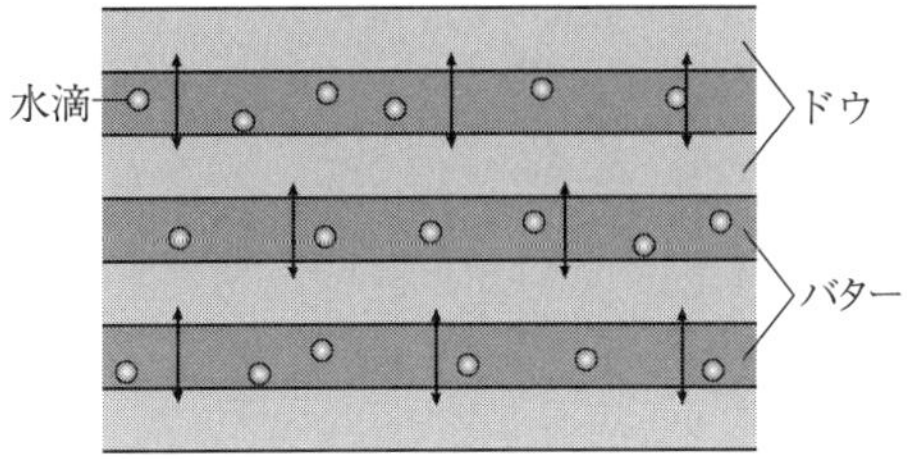

パイ生地の層

の水蒸気圧が必要です。

そこで、バター中の小さな水滴を一気に水蒸気にすることを考えましょう。そのためには温度を上げるとバターが一〇〇度になることが必要ですが、だらだらと温度を上げるとバターが溶けて流れてしまうので、オーブン温度を二〇〇～二二〇度くらいに高く設定して素早く生地の温度を上げます。この辺がパイ作りのコツです。失敗して膨らまなかったパイを見ると、パイの周りに溶けた油がにじんでいます。また、パイ生地を折りたたんでいる間にバターが溶けると、バター中の水滴が生地に吸収されるので、膨らまなくなります。

バターが加熱によって溶け、バター中の水滴が水蒸気になると、バターの層がドウの層と層の間を一気に押し広げます（図中の矢印）。また薄く伸ばされた小麦粉生地のドウは、高温の油ではさまれて揚げたような状態になり、ここからも水蒸気が発生して、さらに溶けたバターを吸収してサクッとした食感になります。

こう考えると、生地がだれないように冷蔵庫で冷やしながら型を作り、高温のオーブンで一気に焼く、というパイ作りのコツは理にかなっているといえますね。

（四宮陽子）

98 生クリームが泡立つのはなぜ?

厚生労働省の乳等省令では「クリーム」は「生乳、牛乳又は特別牛乳から乳脂肪分以外の成分を除去したもの」と定義されており、他の添加物は認められていません。しかし、一般的には、高脂肪で乳化状態にある液状食品で乳化剤、安定剤、植物性油脂などを添加したタイプのものもクリームと呼んでいます。

クリームはその用途によって、大きくホイッピングクリームとコーヒークリームに分けられます。その含有脂肪率は、目安として前者が二五〜五〇パーセント、後者が一八〜三〇パーセントです。

泡立てる前の液状のクリームでは、脂肪は小さな球状で液体の中に存在します。通常、水に脂肪を入れると水と脂肪が分離してしまいますが、クリーム中では脂肪球の表面が乳化作用のある物質で覆われているため、脂肪球は互いに集まることなく小さな球状のまま液体の中に分散しています(水中油滴型エマルションの状態です)。

液状のクリームを泡立てていくと、徐々に粘度が高くなり、最後は泡立て器を持ち上げると角《つの》が立つくらいに硬くなります。この泡立てという操作で、クリームの中に気泡が含まれると同時に脂肪球の一部が破壊され、脂肪球から脂肪が出てきます。出てきた脂肪（遊離脂肪といいます）は、脂肪球同士を凝集させるのりのような役割をします。全体として大小の石を固めた城の石垣のように、大きな気泡や小さな脂肪球、遊離脂肪などが混在した三次元構造ができあがります。

ホイップドクリームの電子顕微鏡写真では、気泡が大きな穴状に見えますが（右上と左下の部分）、その周りに遊離脂肪で結び付けられた大小の脂肪球のようすが観察できます。

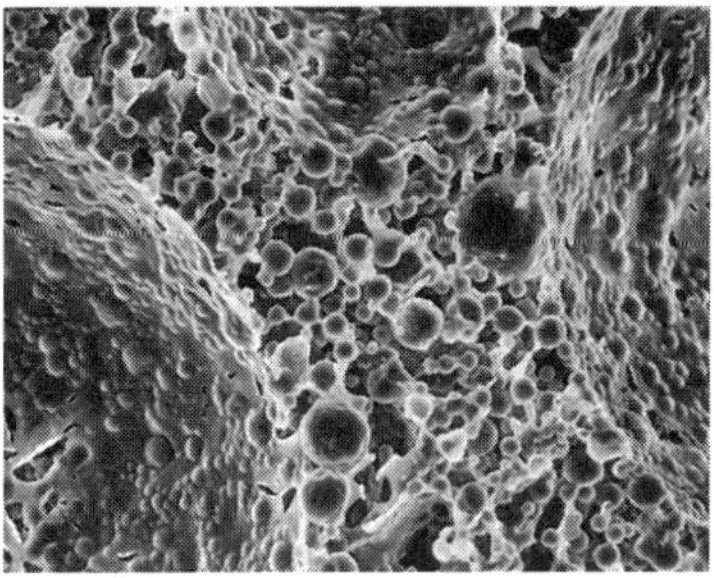

ホイップドクリームの走査型電子顕微鏡写真

野田正幸「Milk Science」(1999) より

泡立てたとき気泡を固定して独特のコシを作るのは脂肪の働きです。そのために、ホイップ用のクリームにはある程度の脂肪含量が必要で、それが二五〜五〇パーセントなのです。市販されているホイップ用のクリームは、四〇パーセント前後が多いようです。

クリームをホイップするときには、ボウルの外側に氷水を当てて冷却します。これは温度を上げると極度に脂肪球が壊れやすくなり、遊離脂肪が多く出すぎて油っぽくなるばかりか、ボソボソのきめの粗いホイップドクリームとなるからです。また、泡立てすぎると脂肪が分離するので注意しましょう。

（河内公恵）

99 クッキーの口触りは何で決まるの？

クッキーの口触りとは、どのようなものなのでしょうか。クッキーは一般に、サクサクしていて、砕けやすいものが好まれています。サクサク感と砕けやすさ（もろさ）、そして口溶けがクッキーの口触りを決めています。

クッキーは小麦粉に砂糖、卵、バター（脂肪）を混合して焼いたもので、小麦粉を使った焼き菓子の一種です。公正競争規約では砂糖と脂肪分の合計が四〇パーセント以上のものをクッキーと呼んでいます。この砂糖と脂肪の配合割合がクッキーの口触りに影響しています。

実際に配合を変化させたクッキーを食べ比べた官能評価の結果を見てみましょう。ここでは、サクサク感は「もろさ」、砕けやすさは「硬さ」として評価してもらいました。小麦粉の量を四〇パーセントにして、バターと砂糖と卵の配合割合を変化させてクッキーを作った結果です（表1）。

はじめに、脂肪（卵も含まれますが、ここではバター）の影響を見ます。砂糖の量は固定（一五パーセント）して、バターの量を三六パーセント、卵を九パーセント入れたクッキーAと、バ

	A	B	C
小麦粉	40.0	40.0	40.0
バター	36.0	18.0	18.0
砂糖	15.0	15.0	33.0
卵	9.0	27.0	9.0

表1　材料配合表（%）

	A	B	C
硬さ	軟らかい ＞	硬い ＞	もっとも硬い
もろさ	もろい ＜	砕けにくい ＝	砕けにくい
口溶け	よい ＞	悪い ＞	もっとも悪い

表2　材料配合が異なるクッキーの口触りの評価

和田淑子「食品の物性」(1985) より作成

ターを半分の一八パーセントとし、逆に卵の量を二七パーセントにしたクッキーBの口触りを比較しました（表2）。バターの多いクッキーAの方が軟らかく、もろくて口溶けがよいと評価されました。

次に、砂糖の影響を見てみます。バターの量を固定（一八パーセント）して、砂糖が一五パーセント、卵の量が二七パーセントのクッキーBと、砂糖の量を三三パーセントと多くして、卵を九パーセントにしたクッキーCを比較してみます。砂糖の多いクッキーCの方が硬く、口溶けが悪いと評価されましたが、サクサク感については、両方とも同じように砕けにくいと評価されました。

以上のことから、クッキーの口触りを決めるものは、バター（脂肪）の量であるといえます。

脂肪が多いと生地中のグルテンが形成されにくくなり、また、デンプンの膨潤糊化が抑制されるために、もろくなってサクサク感が生まれるのです。

（大越ひろ）

100 ドーナツやパウンドケーキの表面に亀裂が入るのはなぜ？

食品のおいしさには外観も重要な意味を持ちます。お菓子における、外観の要素の一つが表面の亀裂です。たとえば、和菓子の黄身時雨《きみしぐれ》や中国菓子の開口笑《かいこうしょう》は亀裂が入らないと商品価値はありません。オールドファッションタイプのドーナツやパウンドケーキの上部表面には適度な裂け目（亀裂）があるとおいしそうに見えます。

お菓子では亀裂が好ましい印象を与える一方で、コロッケの表面に亀裂（破裂）が見られた場合は、商品価値が下がってしまいます。

ドーナツやパウンドケーキは、高温の油の中で揚げたり、オーブン（天火）の庫内で焼くという操作で加熱されます。内部まで十分に熱が入ってデンプンが糊化し、タンパク質が熱凝固し、表面においしそうな焼き色がつけばできあがりです。このとき、適度な調理温度（一六〇〜一七〇度）と、加熱時間が設定される必要があります。おいしそうな表面の亀裂形成には、加熱により生ずる内部の体積膨張圧と、外側にできるクラスト（一種の皮のようなもの）による圧力が関わっているからです。

食品は、高温の油や空気や熱源からの放射熱で加熱されるにつれて、表面から水分が蒸発し、次第に硬いクラストが厚みを増して形成されていきます。食品内部も温度が上昇していくにつれて、含まれている水分の移動や、デンプン、バター、タンパク質の変性により、膨張した内容物が外へ向かって広がろうとします。そのとき、外側をクラスト状のもので蓋をされたような状態になると、広がろうとする力の行き場がなくなり、結果、表面のクラストとのせめぎあいになります。

加熱の後半になって表面のクラストがしっかりと形成されると、内容物の膨張圧がクラストの圧力を上回り、大きな亀裂が入るのです。これがドーナツやパウンドケーキの表面にみられる亀裂です。

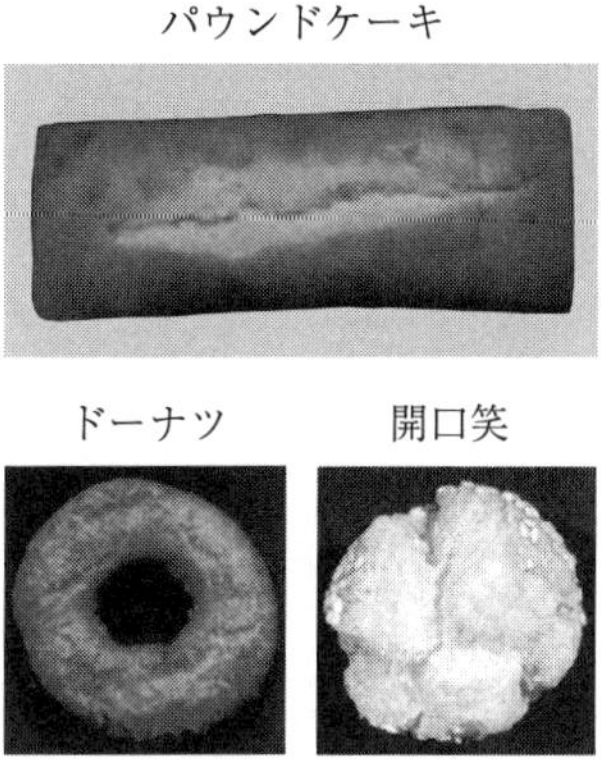

お菓子の亀裂の例

亀裂の程度をコントロールするためには、材料配合や形状の工夫が必要です。リング状ドーナツではリング内側の亀裂はどのドーナツでも避けることは難しいのですが、リング側面部に起きる亀裂は外観上好まれず、上面に見られる適度な大きさの亀裂はおいしさの評価でプラスに働くようです。

そこで、ドーナツの加熱前のドウ（小麦粉を水でこねた生地）のリング上面に故意に切り目を入れて揚げたり、パウンドケーキでは加熱途中で表面が固まりかけてからナイフで裂け目を入れておくと、できあがりの製品にきれいな形の亀裂が出現し商品価値が高まります。

また、小麦粉の一〇パーセント以上の砂糖の添加はドーナツの側面部の亀裂発生に抑制的に働きます。ドーナツの大きさ、リングの厚さや外径を小さくすることも側面亀裂の抑制につながります。

ちなみに、コロッケは俵形よりもわらじ形の方が亀裂の発生は起きにくいことがわかっています。これらの亀裂発生のしくみや亀裂のコントロールは、すべて亀裂発生の理論式で説明可能です。

（長尾慶子）

コラム

果物を冷やして食べるわけ

食べ物の温度が変わると、味覚が変わることがあります。冷蔵庫から出したばかりの冷えた果物やジュースを、台所に長時間置いておいて温かくなったものより甘く感じたことはありませんか。

果物の甘味物質は、ショ糖（砂糖）、ブドウ糖、果糖の３つです。これらの甘味の強さは、ショ糖を 1.0 とした場合、ブドウ糖は 0.7 前後、果糖は 1.2 ～ 1.8 で、果糖が一番甘いのです。また、ショ糖の甘味は温度が変わっても同じですが、ブドウ糖はわずかに、果糖は温度が低くなると顕著に甘味が強くなります。

これは、果糖の化学構造（α型とβ型）が温度によって変わるからです。α型とβ型は混ざり合って水に溶けています。β型がα型より３倍甘いのですが、低温になるとβ型をとる割合が高くなり、果糖の甘味が強くなるのです。0℃付近での甘味の強さは、60℃付近での 1.8 倍もあることがわかっています。

もともと果糖は他の糖に比べて甘さが強く、さわやかで切れ味のある甘味を示します。したがって、果糖を多く含む果物やジュースは、冷やした方が甘く感じる効果が大きいのです。つまり、果物の甘さを味わうために、食べるときには冷やすと考えられます。

ほかには、冷たさが心地よい清涼感を与えて、甘さを引き立てるということもあるかもしれません。また、冷たいものを口に入れて体温で温まると、果物の特徴的な香りが口の中に広がり、香りと甘さが合わさって、果物らしさを感じられるとも考えられます。

（的場輝佳）

101 白玉粉をお湯でこねないのはなぜ？

白玉粉や上新粉は米から作られた粉で、団子や草餅、求肥《ぎゅうひ》といった和菓子や中国料理の鶏蛋糕《ジーダンガオ》（粉と卵と砂糖で作ったカステラのような菓子）などに使われます。

白玉粉を使って団子を作るときは、まず、粉に水を加えて、均一に吸水させてからこねます。一方、上新粉のときは、水でこねるとうまくまとまらないので、熱湯を使います。

どうして粉の種類で、使う水の温度が違うのでしょうか。それは、粉の原料となる米の種類によります。米は、うるち米ともち米の二種類に分類されますが、うるち米ともち米では、主成分であるデンプンの形が違います。

デンプンは、ブドウ糖（グルコース）が鎖状につながったものですが、これには、ブドウ糖が一〇〇〜一〇〇〇個まっすぐ鎖状につながったアミロースと、二〇個程度ブドウ糖のつながる短い鎖が枝分かれするように結びついているアミロペクチンという二つの形があるのです（図）。

アミロースでもアミロペクチンでも、人間が消化するためには、水と熱を加え、構造をゆるめて水を十分に吸い込ませなくてはなりません。そうすると、粘りや透明度が生じます。この変化を糊化と呼びますが、アミロペクチンはもともと枝分かれした構造なので、吸水しやすく糊化に必要な水も少なくてすみ、糊化したあと、再び硬くなりにくいという特徴があります。

上新粉の原料のうるち米のデンプンは、約二〇パーセントがアミロースで約八〇パーセントがアミロペクチンですが、白玉粉の原料のもち米のデンプンはアミロペクチンだけです。この原料米のデンプンの形の違いにあわせて、米粉の扱い方を変えなければなりません。すなわち、上新粉にはアミロースが含まれているので、熱湯を使ってアミロースの規則正しい構造をゆるませ、水がデンプンの間に入りやすくする必要があります。このとき、デンプンの一部が糊化するので粘りも出てまとまりやすくなるわけです。

一方、アミロペクチンだけからなる白玉粉は、吸水が速く糊化しやすいので、熱湯でこねると白玉粉のかたまりの表面だけが先に糊化してしまいます。この糊化したデンプンが邪魔になって、かたまりの中へ水がしみ込みにくくなるので、白玉粉は水でこねるのです。

また、できた団子は、上新粉を多く使うと弾力が出ますし、白玉粉を多く使うと粘りが強くなります。それぞれの特徴を生かして配合するとよいでしょう。

(真部真里子)

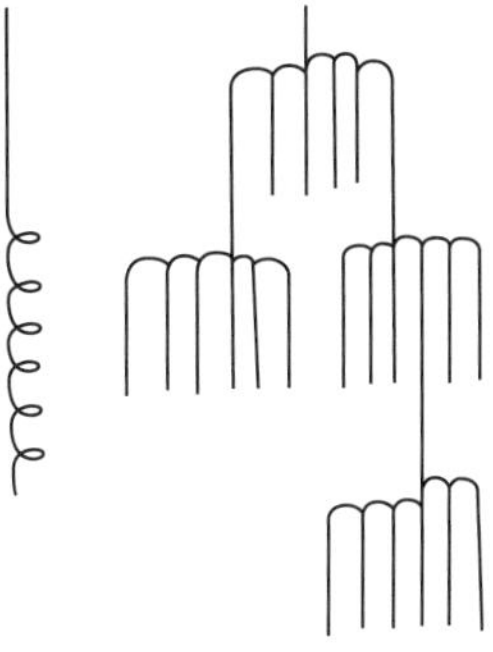

鎖状のアミロース(左)と枝分かれしたアミロペクチン(右)

二国による

102 大豆の「あん」がないのはなぜ?

和菓子作りに欠かせないのが「あん」です。

「あん」は豆類を煮熟《しゃじゅく》(お湯で煮ること)して得られるデンプン粒子の集合体で、製造工程でもっとも重要なのは浸漬と煮熟です。浸漬により豆の内部まで十分に吸水させることで、加熱したときに均一に熱を伝え速く軟らかくすることができます。その後、煮熟によってあんを形成します。

あんの原材料である雑豆(大豆以外の豆類)の組織には、細胞膜で仕切られた細胞がぎっしり詰まっており、その細胞中には数個ないし十数個のデンプン粒子とタンパク質などが含まれています。

煮熟つまり加熱によって、細胞内のデンプン粒子が糊化を始める前に、溶解したタンパク質が熱凝固してデンプン粒子を取り囲み、皮膜を形成します。皮膜に取り囲まれた状態でデンプンが熱を受けるので、デンプン粒子が崩壊することなく糊化して、あん粒子が形成されるのです。このあん粒子を分離して生あんが作られ、さらに練りあん、乾燥あんへと加工され食品素材として利用されます。

あんは、加工の程度で練りあん、さらしあん、製あん法で生こしあん、潰しあん、原材料の種類で白あん、えんどうあんなど、さらに練りあんに配合する糖量で並練りあん、中割あん、小倉あん、上割あんなど多くの名称が使われています。

また、あんの品質には原材料豆の種類、容積重、千粒重、整粒歩合、吸水性などが関わっており、小豆がもっとも優れています。

前述のようにあんの原材料は雑豆ですが、わが国の雑豆供給量の約七〇パーセントが製あんに用いられており、大豆の「あん」は一般に見受けられません。この理由は糖質の構成成分の違いによります。小豆などの雑豆には糖質五〇～五五パーセント、タンパク質二〇～二六パーセント、脂質約二パーセントが含まれ、糖質のほとんどがデンプンです。これに対して、大豆には糖質約二五パーセント、タンパク質約三五パーセント、脂質約二〇パーセントが含まれ、糖質は単糖類や少糖類で、多糖類であるデンプンがほとんど含まれていません。

したがって、大豆は煮豆や豆腐などの伝統的な加工食品として用いられ、「畑の肉」といわれるように昔から私たちの食生活のタンパク質補給源として大切な食材となってきたのです。

最近はインターネットなどで、大豆あんで作った京菓子製品や大豆あんまんなどの紹介が見られます。大豆あんは普通の白こしあんより口触りがなめらかなものの、色はあまりよくないという評価もありますが、ぜひ大豆あんもお試しください。


（笠井八重子）

103 果物によってジャムにしやすいものと、そうでないものがあるのはなぜ？

ジャムは、果物などに砂糖を加えて加熱し、とろみを出したもので、昔から旬の果物の保存食として西洋の家庭では手作りされてきました。ジャム、マーマレード（果皮の薄切りが入ったもの）、ゼリーなどは、果物に含まれるペクチンが糖、酸とともに加熱するとゼリー化する性質を利用したものです。ペクチンは野菜や果物などのすべての植物の細胞壁に存在し、細胞同士を接着して硬さを保つセメントのような役割をしています。

ジャムを作りやすい果物とそうでない果物があるのは、果物によってペクチンや糖や酸の量が異なるためです。柑橘類の果皮にはペクチンが非常に多いため、マーマレードができます。ペクチン含量は個体差もありますが、リンゴ、プラムなどは比較的多く、アンズ、ブルーベリー、ブドウは中くらい、イチゴ、モモなどは少量です。ペクチンが少ない果物には市販の粉末ペクチンを加えると、どんな果物からも簡単にジャムができます。

ジャム作りのためには、まず、果物を煮てペクチンを溶かし出す必要があります。ペクチンの少ない果物は煮詰めて水分を蒸発させ、ペクチン濃度を高めると（最適濃度約一パーセント）ジャムになります。長時間煮すぎると、ペクチンが分解してゼリー化力が弱くなるので、焦げない程度の火力で絶えずかき混ぜながらできるだけ短時間で煮詰めます。二〇分以内が目安です。果物が熟しすぎると酵素によりペクチンが分解してゼリー化しにくくなるので、適熟果を使います。なお、果物の原形を残したものをプレザーブスタイルといいます。

砂糖はペクチン分子から水を奪い取り、ペクチンの水酸基同士が水素結合してゼリー化するのを助ける働きがあります。ジャムを作る際、砂糖は果物の五〇パーセント以上、通常は八〇パーセント〜同量を使います。最終糖度は六〇〜六五パーセントがもっとも硬いジャムとなり、保存性もよくなります。一〇三度まで煮詰めると糖度が約六〇パーセント、一〇四度で約六五パーセントとなるので、煮詰める目安となります。

酸はペクチンのカルボキシル基の解離を抑制して水素結合を促進し、ゼリー化を進める働きがあります。果物により酸度が違うので、酸味の足りない果物をジャムにするときは、レモン汁（クエン酸でもよい）を加えて、最終pHを二・八〜三・三にします。

日本農林規格によるジャムの規格は「糖度六五パーセント以上」でしたが一九八八年に「四〇パーセント以上」に改定されています。

酸性が強いので、作るときはアルミ鍋でなく、ホウロウ鍋を使う方がよいでしょう。泡はていねいにすくい取り、熱湯消毒した瓶で保存すると、かなり長期間保存可能です。（渕上倫子）

104 パイナップルジュースでゼリーを作ると固まらないって本当？

ゼラチンは、動物の体の腱や皮膚などの結合組織を構成するコラーゲンという巨大なタンパク質がほぐれて低分子化した、これもまたタンパク質です。

市販されているのは、牛の骨や皮を長時間熱湯中で加熱し、溶け出してきたものを乾燥して粉末、粒状、板状、糸状などにしたものです。この乾燥ゼラチンを浸漬、膨潤させ、四〇～六〇度に加熱するとゼラチン溶液になりますが、それを一〇度以下にすると凝固（ゲル化）してゼラチンゼリー（ゲル）ができます。

凝固させるとき、搾りたてで加熱していないパイナップルジュースを加えるとゲル化しません。あるいは生のパイナップルの輪切りをのせるとその周囲は固まりません。生のパイナップルには、ブロメリン（またはブロメライン）というタンパク質分解酵素（プロテアーゼ）が含まれているため、タンパク質であるゼラチンの鎖があちこち切断され、ゲルを形成することができなくなるのです。

タンパク質分解酵素を含む果物はパイナップル以外にもあります。キウイフルーツ（酵素はアクチニジンまたはアクチニダイン）、パパイア（同パパイン）、いちじく（同フィシン）、プリンスメロン（同ククミシン）などです。

では、これらの果物を使ったゼラチンゼリーはできないのでしょうか？　じつはゲル化を妨げる酵素は、それ自体がタンパク質です。タンパク質を加熱すれば熱変性しますので、酵素は失活し、ゼラチンタンパク質を分解できなくなります。したがって、これらの果物やジュースを加えたゼラチンゼリーを作るには、あらかじめ加熱して酵素を失活させてから用いればよいわけです。また缶詰は熱が加えられていますから、缶詰の果物はそのまま使えます。

ゼラチンと同じようにゼリーを作ることのできるゲル化剤に、寒天やカラギーナンがあります。カラギーナンはどこの店にも寒天と同じように置いてあるというものではありませんが、市販されているゼリー類の原料は、ほとんどが海藻抽出物と表示されたカラギーナン主体のゲル化剤です。

カラギーナンがなぜ多くの市販のゼリーに使われているかというと、低濃度のカラギーナンゼリーはぷるんぷるんとしてゼラチンゼリーに大変よく似た外観であるにもかかわらず、ゼラチンゼリーのように室温で溶けてしまうことがないからです。

寒天やカラギーナンは、ゼラチンのようなタンパク質ではなく、多糖類に分類される炭水化物です。タンパク質分解酵素は炭水化物を分解することはできませんので、寒天やカラギーナンゼリーを作る際には、生のパイナップルやジュースなどを使うことができます。　（今井悦子）

105 ゼラチンのゼリーは室温ではなぜ固まらないの？

ゼラチンを固めてゼリーにするためには、少なくとも一〇度以下に保つ必要があります。一方、寒天ゼリーは夏場の室温でも十分に凝固させることができます。これはなぜでしょうか。

ゼラチンゼリーは、ゼラチンに水を加えて膨潤させた後、濃度にもよりますが四〇〜六〇度で加熱溶解し、冷却して作ります。加熱溶解した状態ではゼラチン分子はランダムコイル構造をとりますが、温度を下げるとランダムコイル構造からヘリックスコイル構造へと構造変化を起こし、さらに温度を下げるとヘリックスコイル同士が会合して、水素結合による弱い架橋を作り、多量の水を保ったままの状態で三次元網目構造を形成します。この状態がゼリーです。

ゼラチンが室温で固まらないのは、ヘリックスコイルの形成や分子の会合が、低い温度帯でしか起こらないためです。また、ゼラチンでは形成される結合が寒天よりも弱いために、ゼリーを作るための濃度は寒天よりもかなり高くする必要があります。

ゼラチンはある温度で瞬間的に凝固するわけではありません。四パーセントのゼラチンを溶解後、毎分一度以下のゆるやかな速度で冷却すると、ゼラチン分子の構造は二五度前後から変化し始め、零度直前までの広い温度帯で継続的に変化し続けます。この構造変化は初期の段階では急激に進み、その後緩慢に進行し続けます。零度近くになったとき、ゼラチンゼリーを指で押すと弾力があり、ゼラチンは凝固し終わったかのように思われます。しかし、さらに一度前後でゼラチンゼリーを保持すると、ゼラチン分子の構造は変化し続け、さらに硬くなります。

つまり、凝固時間が長いほど、また凝固温度が低いほど、形成されるゼリーは硬くなるということです。

ところで、どのゼラチンも同じ温度帯で凝固するわけではありません。ゼラチンは、動物の結合組織（コラーゲン）が分解されたもので、アミノ酸が長くつながった鎖状をしていますから、鎖の長い分子と短い分子が混ざり合っています。分子鎖の長いゼラチンでは短いゼラチンよりも分子の会合が容易になるために、高い温度帯で凝固します。

また、砂糖を添加した場合には、砂糖が水と親和力の強い水酸基を持つため、砂糖無添加の場合よりも高い温度帯で凝固します。ゼラチン濃度が高い場合には、同じ容積中に存在するゼラチン分子の数が多くなりますので、当然高い温度帯で凝固します。

とはいえ、デザートゼリー程度の濃度では、寒天ゼリーと同程度の高い温度で凝固し始めることはありません。室温は、ゼラチンが凝固する温度としてはまだまだ高すぎるのです。

（森高初恵）

コラム

タピオカパールとハルサメ

タピオカというデザートがあります。甘くしたココナツミルクの中に、タピオカパールという、歯切れはよいがちょっとモチッとした口触りがする直径3～6㎜ぐらいの丸い半透明のものが入っています。

さて、タピオカパールはいったい何からできているのでしょうか？　ナイジェリア、ブラジル、タイ、インドネシアなどの熱帯から亜熱帯気候で育つ、キャッサバという高さ1～3ｍぐらいの木があります。その塊茎はデンプンを多く含むので、水を取り替えながら水に浸け、乾燥、脱水してデンプンとします。これをパール状に成形したものがタピオカパールです。これをゆでてデザートなどに利用します。

ハルサメも、やはりデンプンが原料です。日本産のハルサメの原料はサツマイモやジャガイモで、中国産のハルサメはリョクトウ（緑豆）やソラマメです。

一般的には、混捏《こんねつ》したデンプンを熱湯中に麵状に押し出し、冷水で冷却後凍結し、さらに解凍した後乾燥して製造します。凍結というデンプンの老化処理により、粘性や付着性が低下して分線が可能となり、煮くずれしにくくなります。原料が豆デンプンのハルサメは加熱調理に、イモデンプンのハルサメは冷製調理に適します。

このほか、市販されているジャガイモ、コーンスターチ、クズなどの粉末状のデンプンは、水を加えて加熱すると糊化します。スープやあんかけ料理のとろみづけやごま豆腐などのほか、くずざくら、くずきり、ブラマンジェなどのデザート類まで、いろいろな形で広く利用されています。　（森髙初恵）

コラム

紅茶のクリームダウン

お茶は製造の工程で発酵させるかどうかによって、3種類に分類されます。発酵をさせない緑茶、半発酵茶のウーロン茶、発酵茶の紅茶です。緑茶と紅茶は同じ茶葉から作られます。紅茶は茶葉の水分を蒸発させて軟らかくし、もむことで酵素を働かせて発酵させ、特有の風味をつけます。一方、緑茶は蒸して酵素が働かないようにし、発酵はさせずにもみながら乾燥させて作ります。発酵させないので緑色です。

緑茶と紅茶にはコーヒーよりも多くのカフェインが含まれ、眠気を覚まして作業能率を向上させたり、ストレスから解放するなどの機能があります。また、タンニンも含まれています。

紅茶をおいしくいれるためには〝ゴールデンルール〟があります。1.あらかじめティーポットを温めておくこと、2.茶葉の量を正確に量ること、3.沸騰した直後の湯を使うこと、4.ポットに蓋をして蒸らすこと、5.最後の一滴（これをゴールデンドロップといいます）までカップに注ぐこと、です。

紅茶は、室温で数時間放置したときや、アイスティーを作ろうと冷やしたときに濁ってくることがあります。これをクリームダウンといいます。紅茶の成分のタンニンとカフェインが温度が下がることで凝集し、濁って見えるのです。ダージリンやウバ、アッサムなどの良質といわれる紅茶ほどタンニンやカフェインが多いため、クリームダウンが起きやすいのです。

これを防ぐためには、急速に冷やすことです。アイスティーを作るときには、グラスに氷を入れておき、その上から熱い紅茶を注ぎ急冷します。また、タンニンの少ないキーマンやアールグレイを選ぶとよいでしょう。

（津田淑江）

あとがき

「料理をすることで頭がよくなります」これは、初代の日本調理科学会長松元文子先生の言葉です。「頭がよくなる料理は何ですか」と聞かれたときの返事だったと聞いています。

松元先生は、頭を使って、科学的に、分量や時間をきちんと測って料理をすることで、一応の、一般的といってもいいと思いますが、おいしい料理を作ることができると述べていました。第二次大戦後、家政学が発展し、中・高等学校や大学で調理学（あるいは調理科学）を教える必要が出てきたときに、学校の一回きりの授業で生徒や学生においしいものを作らせるには、料理のさまざまな要素を測って客観的な数値にし、これを使って教えればよいと考えられたのです。

それまでは、料理といえば、各家庭や専門店などで代々伝えられてきた技を、見よう見まねで盗んで覚える方法でした。学校では、このように何回も失敗を重ねてうまくなるなどという時間的余裕もありません。「なぜそうするとおいしくなるのか」「上手にできる理由はなにか」について理屈を知り、数値を使って調理をした方がうまくいくのです。

これまで技として伝えられてきた、いわばコツといわれるものの中には必ず科学が存在します。長い間の人々の生活の智恵を解明して、ある程度数字を用いて教えることができれば、コツを伝えやすいのです。

たとえば、昔からもっとも重要であったご飯炊きの方法です。子どもに炊き方を教えるために口承されていた「はじめちょろちょろなかぱっぱ、ぶつぶつ言ったら火を引いて、あかご泣いても蓋取るな」という火力についての表現は、温度を調節するコツでした。

また、炊飯に関する要素、すなわち、分量、時間、温度などが実験的な測定によって数値として割り出されました。

米に加える水は米重量の一・五倍で体積では一・二倍にすること、浸漬中の吸水は水温によって異なりますが三〇分~二時間必要なこと、沸騰までに七~一〇分間かけて、九八度以上で二〇分間加熱すること、ただし五分くらいで水がなくなるので温度が下がらない程度にしかも焦げないように弱火にすること、蒸らし時間は火を消して冷えない間の一〇~一五分間にすることなどです。

このように教えることで、だれでも、どこでも、一回の実習で、一般的なおいしさのご飯が炊けるようになったのです。この研究は、現在の自動炊飯器の作製につながっています。

しかし、まだまだ問題は残っています。すし飯の炊き方はどうなのか?　ピラフは?　どうして温かいご飯はおいしくて冷えると硬くなってしまうのか、炊飯の間にどのような米の物理・化学的な変化が起こっているのか、軟水・硬水など水質の影響はあるのか、などです。この中には、他領域の進んだ研究結果も参考にしながら解決できた問題もあれば、未解決の問題もあります。解決の過程で、やはり、コツには科学的に説明できるものが多いということがわかりました。

ここには一〇〇件あまりの調理に関する、いわばコツについて、その科学的根拠・理由が述べられていますが、調理についてのすべてを網羅したわけではありません。しかし、「調理をするときにいわれている事柄は、なるほどそういうことだったのか！」とわかってもらい、利用してもらえればうれしいです。同時に、調理に関心や興味を持ち、自分や身近にいる人の健康と食生活の豊かさにも目を向けていただきたいと思います。そして、調理のおもしろさを知って、もっと研究をしてみたい、学問として成立する真理を見つけたい、と思ってくれる人が出てくることを願っています。

講談社のブルーバックスとして、このように調理科学会の会員による一冊ができたことは、望外の喜びです。

刊行委員　　下村道子

執筆者一覧（五十音順）

赤野裕文　（株）ミツカン ドライ事業カンパニー
綾部園子　高崎健康福祉大学 健康福祉学部
井川佳子　広島大学 大学院 教育学研究科
石井克枝　千葉大学 教育学部
市川朝子　大妻女子大学 家政学部
今井悦子　聖徳大学 人文学部
牛尾公平　ヒガシマル醬油（株）研究所
大越ひろ　日本女子大学 家政学部
大羽和子　中部大学 応用生物学部
小川宣子　岐阜女子大学 家政学部
貝沼やす子　静岡県立大学 食品栄養科学部
香西みどり　お茶の水女子大学大学院 人間文化創成科学研究科
笠井八重子　岡山大学 教育学部
鎌倉ミチ子　東北女子短期大学

河内公恵　雪印乳業（株）研究所
河辺達也　宝酒造（株）調味料カスタマーセンター
木戸詔子　京都女子大学　家政学部
久木野睦子　活水女子大学　健康生活学部
近　雅代　福岡女子短期大学
酒向史代　北海道教育大学　教育学部
品川弘子　東京聖栄大学　健康栄養学部
渋川祥子　横浜国立大学　名誉教授
島田和子　山口県立大学　看護栄養学部
四宮陽子　実践女子大学　生活科学部
下坂智恵　大妻女子大学　短期大学部
下村道子　大妻女子大学　家政学部
角野　猛　郡山女子大学　家政学部
高村仁知　奈良女子大学　生活環境学部
田名部尚子　岐阜女子大学　名誉教授
田原美和　琉球大学　教育学部
津田淑江　共立女子短期大学

執筆者一覧

時友裕紀子　山梨大学 教育人間科学部
長尾慶子　東京家政大学 家政学部
中谷延二　放送大学
長野宏子　岐阜大学 教育学部
畑江敬子　和洋女子大学 家政学群
八田一　京都女子大学 家政学部
肥後温子　文教大学 女子短期大学部
比護和子　昭和女子大学 短期大学部
平尾和子　愛国学園短期大学
渕上倫子　岡山県立大学 保健福祉学部
松原秀樹　大阪ガス（株）エネルギー・文化研究所
松本憲一　大妻女子大学 短期大学部
松本美鈴　青山学院女子短期大学
的場輝佳　関西福祉科学大学 健康福祉学部
真部真里子　同志社女子大学 生活科学部
三木英三　香川大学 農学部
三橋富子　日本大学 短期大学部

宮井真千子　松下電器産業（株）松下ホームアプライアンス社
宮下ひろみ　仙台白百合女子大学 人間学部
森髙初惠　昭和女子大学 生活機構研究科
安原安代　女子栄養大学 栄養学部
山下満智子　大阪ガス（株）エネルギー・文化研究所
吉岡慶子　中村学園大学 栄養科学部

参考文献

日本調理科学会誌　日本調理科学会
『〝美味しさ〟と味覚の科学』小俣靖　日本工業新聞社　一九八六年
『食べ物と水』松元文子　家政教育社　一九八八年
『植物細胞壁と多糖類』桜井直樹・山本良一・加藤陽治　培風館　一九九一年
『食品と水の科学』野口駿　幸書房　一九九二年
『最新の穀物科学と技術』Y・ポメランツ著／長尾精一訳　パンニュース社　一九九二年
『調理とおいしさの科学』（調理科学講座1）島田淳子・下村道子編　朝倉書店　一九九三年
『調理の基礎と科学』（調理科学講座2）島田淳子・中沢文子・畑江敬子編　朝倉書店　一九九三年
『植物性食品Ⅰ』（調理科学講座3）島田淳子・下村道子編　朝倉書店　一九九四年
『植物性食品Ⅱ』（調理科学講座4）下村道子・橋本慶子編　朝倉書店　一九九三年
『動物性食品』（調理科学講座5）下村道子・橋本慶子編　朝倉書店　一九九三年
『食成分素材・調味料』（調理科学講座6）橋本慶子・島田淳子編　朝倉書店　一九九三年

『調理と文化』（調理科学講座7）橋本慶子・下村道子・島田淳子 編　朝倉書店　一九九三年
『魚の科学』（シリーズ〈食品の科学〉）鴻巣章二 監修／阿部宏喜・福家眞也 編　朝倉書店　一九九四年
『肉の科学』（シリーズ〈食品の科学〉）沖谷明紘 編　朝倉書店　一九九六年
『総合調理科学事典』日本調理科学会 編　光生館　一九九七年
『新版　調理と理論』山崎清子・島田キミエ・渋川祥子・下村道子　同文書院　二〇〇三年

〔た行〕

〔さ行〕

さくいん

N.D.C.498.5　308p　18cm

ブルーバックス　B-1614

料《りよう》理《り》のなんでも小《しよう》事《じ》典《てん》
カレーはなぜ翌日に食べる方がおいしいの？

2008年9月20日　第1刷発行
2020年4月10日　第7刷発行

編者　日《に》本《ほん》調《ちよう》理《り》科《か》学《がく》会《かい》
発行者　渡瀬昌彦
発行所　株式会社講談社
〒112-8001 東京都文京区音羽2-12-21
電話　出版　03-5395-3524
販売　03-5395-4415
業務　03-5395-3615
印刷所　（本文印刷）豊国印刷株式会社
（カバー表紙印刷）信毎書籍印刷株式会社
製本所　株式会社国宝社

定価はカバーに表示してあります。

ISBN978−4−06−257614−7

発刊のことば

科学をあなたのポケットに

二十世紀最大の特色は、それが科学時代であるということです。科学は日に日に進歩を続け、止まるところを知りません。ひと昔前の夢物語もどんどん現実化しており、今やわれわれの生活のすべてが、科学によってゆり動かされているといっても過言ではないでしょう。

そのような背景を考えれば、学者や学生はもちろん、産業人も、セールスマンも、ジャーナリストも、家庭の主婦も、みんなが科学を知らなければ、時代の流れに逆らうことになるでしょう。

ブルーバックス発刊の意義と必然性はそこにあります。このシリーズは、読む人に科学的に物を考える習慣と、科学的に物を見る目を養っていただくことを最大の目標にしています。そのためには、単に原理や法則の解説に終始するのではなくて、政治や経済など、社会科学や人文科学にも関連させて、広い視野から問題を追究していきます。科学はむずかしいという先入観を改める表現と構成、それも類書にないブルーバックスの特色であると信じます。

一九六三年九月　　野間省一